臺灣歷史與文化 研究輯刊

十八編

第 15 冊

澎湖民間故事研究（下）

姜佩君 著

花木蘭文化事業有限公司

國家圖書館出版品預行編目資料

澎湖民間故事研究（下）／姜佩君 著 -- 初版 -- 新北市：花
木蘭文化事業有限公司，2020〔民 109〕
目 4+164 面；19×26 公分
（臺灣歷史與文化研究輯刊十八編；第 15 冊）
ISBN 978-986-518-195-6（精裝）
1. 臺灣文學 2. 民間故事 3. 文學評論
733.08   109010609

ISBN-978-986-518-195-6

9 789865 181956

臺灣歷史與文化研究輯刊
十八編　第十五冊　　　　　　　ISBN：978-986-518-195-6

澎湖民間故事研究(下)

作　　　者　姜佩君
總 編 輯　杜潔祥
副總編輯　楊嘉樂
編　　　輯　許郁翎、張雅淋　美術編輯　陳逸婷
出　　　版　花木蘭文化事業有限公司
發 行 人　高小娟
聯絡地址　235　新北市中和區中安街七二號十三樓
　　　　　　電話：02-2923-1455／傳真：02-2923-1452
網　　　址　http://www.huamulan.tw 信箱 hml810518@gmail.com
印　　　刷　普羅文化出版廣告事業
初　　　版　2020 年 9 月
全書字數　263664 字
定　　　價　十八編 16 冊（精裝）台幣 40,000 元　　版權所有・請勿翻印

澎湖民間故事研究（下）

姜佩君　著

目次

表次

第六章　澎湖地方傳說及風水傳說

第一節　地方傳說

一、山的傳說

　　澎湖有關山的傳說中，最有名的是「龜山」和「蛇山」的傳說，龜山指的是海中一個形似烏龜的小島，蛇山指的是西嶼、大倉島或長形海岸。故事大意是說，這二座山在白天時是個別的二座山，但一到晚上，二山就會頭尾相合，形成一個封閉的港灣。這個傳說在各地採集到的說法大致是相同的，但對於「龜山」、「蛇山」到底是什麼東西？為什麼會於晚上相合？則有以下幾種不同的說法：第一種是「風水式」的說法，人們從風水的角度來看龜山和蛇山，認為龜蛇二山是二個活穴，所以才能在晚上活動。

> 傳說通樑有一座龜山，與地形如蛇的西嶼，恰巧成為馬公的屏障：如果有海盜想從西方進入馬公，龜山就會伸出龜頭與蛇山的頭相接，阻斷通道，使海盜無法入侵。因此海盜始終無法如願的洗劫馬公。後來海盜請地理師指點，才發現這二座山原來一個是龜穴、一個是蛇穴。破壞他們的方法，是用一隻白雞來祭拜他們，將龜頭引出來，趁機再用寶劍將龜頭斬斷即可。海盜們照著做，果然將龜頭斬下，龜血噴到對岸的西嶼，形成一道紅色的石道。這條石道現在還看得到，就在跨海大橋西邊不遠的地方。〔註1〕

〔註1〕姜佩君：《澎湖民間傳說》，（台北聖環出版社・民國八十七年六月），頁一○一。

　　據說在很久以前，位於竹篙灣的員底再往北一點，有二座小山丘，一座叫龜山、一座叫蛇山，這兩座山只要過了晚上十二點，便會自動的合起來，所以當地居民只要出海捕魚超過十二點，就會找不到入口回來。因此當地居民都認為這兩座山是「活穴」，時間一到便會開始活動。〔註2〕

第二種是數量比較多的「情侶式」說法，認為「龜山」和「蛇山」是一對相戀的戀人，因為每晚要幽會見面，所以二山才會在夜晚相合：

　　傳說，古時候澎湖內灣的海域，曾盤踞著修練千年的龜精和蛇精。它們一起在海中修練，時日一久，便產生了情愫，形成了「龜蛇畸戀」。由於龜精、蛇精的體形相當碩大，每當兩情繾綣時，必定橫亙海面，造成驚濤駭浪，阻斷航路。

　　有一次，一批海盜從吼門水道（跨海大橋中段急流處）入寇，他們事先曾看好了航道，準備趁著夜色進行擄掠。當天夜裡，海盜們夜航到竹灣附近時，竟找不到白天探勘好的水路。可是，第二天天亮，海面上除了波濤之外，航道又毫無阻礙，沒有異樣。連續幾天都是相同的情形，白天物色好的航道夜裡找不到了，這樣的折騰，把晝伏夜出的海盜得不知如何是好。後來，海盜們暗地裡四處打聽，才知道是龜精和蛇精的子夜幽會阻斷了他們的航道。知道原委之後，當賊船的航道再次受阻時，海盜們已胸有成竹，毫不客氣的就發動火砲對準航路方位轟擊。當時，龜精、蛇精正忘情的纏綿，疏於防範，就被砲火轟個正著。由於傷勢嚴重，傷口大量冒出鮮血，血液染紅了附近的海域，而且不久之後，雙雙都因為失血過多氣絕死亡。

　　據說，龜精與蛇精的屍體慢慢的被海浪沖散，龜精的屍體漂到竹灣村的南岸，經過風吹日曬之後，就變成了一座龜形的小山丘；蛇精的屍體則向東漂流，漂了幾里遠之後，擱淺在海中，時日久了也變成了一座蛇形的島嶼，就是現在的大倉島。至今，竹灣村的南岸小山丘及大倉島依然可以辨識出龜及蛇的形狀；至於龜精和蛇精被轟擊受傷時所流下的鮮血，也被海浪沖到二崁的後灣一帶，並且把沿岸的土石都染紅了，到今天仍然沒有褪去，而留給二崁村民一段淒

〔註2〕蔡玉琳小姐於八十八年十一月二十三日馬公市光復路講述，蔡玉雯、陳本香、項淑美採錄。未刊稿。

美的神話傳說。〔註3〕

第三種為「守護神」式的說法：

> 跨海大橋兩端是兩座小山，一為通樑村的龜山，一為竹灣村的蛇山，
> 原是吼門的守護之神。傳說：通樑的神龜與竹灣巨蛇，都有千年以
> 上的修行，原是同生死共患難的莫逆好友，只因偷吃了天庭的仙果，
> 被貶降凡塵，還是天庭格外開恩，命牠們守護吼門兩岸，將功贖罪。
> 龜蛇各居一處，雖有一水之隔，卻隔不了牠們深情的友誼，因此，
> 每當夜晚，牠們就跨海相會。牠們伸長了脖子，在吼門海面上，相
> 互撫慰，並訴衷曲，因而形成一條浮礁，將吼門封鎖，人們稱此為
> 「活港」。那時，澎湖近海，倭寇海盜猖獗，時常侵擾各島，但通樑
> 和竹灣的居民，卻因龜蛇守護著吼門，賊船無法侵入而高枕無憂。
> 卻不料，這片瑰麗景色，吸引了在外海偷窺的倭寇，當一艘懸著骷
> 髏的賊船，卸下帆，划著長槳，加速衝向港內時，只見激起一股浪
> 濤，隨著一聲巨響，便沉入大海了。沉船慘景，顯然嚇阻了賊，後
> 面的船停止前進了，接著是一片可怕的寂靜。突然，隨著船上吐出
> 的條條火舌，發出陣陣轟巨響，倭寇開砲了，也就在此時，聲聲巨
> 獸長嘯如暴風雨中的霹雷，撕破長空，傳入人們的耳鼓，令人聽了
> 膽寒心驚。真是風雲變色，草木為之含悲，月娘也遠遠的躲進雲霧
> 裡，大地一片漆黑，吼門海面上，狂風怒號，龜蛇兩山火石紛飛，
> 直到天亮才平靜下來。次日，人們發現，賊船已無蹤跡，龜山山麓
> 變成一片紅色。據說，那是神龜所流鮮血染紅的，竹灣的神蛇也在
> 這場大戰中殉難。從此，吼門不再自然封鎖，因為龜蛇禦賊護民有
> 功，已被召回天庭了。〔註4〕

這類型的故事，在澎湖並不少見，有的只是島嶼名稱不一樣罷了，如：

> 現在沙港的西方及西北方有二座小島，一座叫雁情嶼，一座叫雞
> 籠嶼。相傳兩座島嶼本來是連在一起的，是一對恩愛情侶的死後
> 化身。但因為呂洞賓下凡出巡，經過澎湖天台山時，不小心掉落
> 身上之「斬仙劍」，而將二座島嶼分開，並在天台山上留下仙腳

〔註3〕《二崁民俗活動專輯》，（澎湖縣立文化中心‧民國八十四年六月），頁一〇
　　　五。
〔註4〕陳豪：《憶澎湖》，（自印本‧民國六十七年元月），頁九十一。

印。兩座島嶼被分開後，兩地相思，因此時常利用晚上的時間見面。所以只要一到晚上，便可以看到兩座島嶼靠在一起，一副很恩愛的樣子。〔註5〕

傳說以前在晚上人們睡覺時，員貝和鳥嶼兩座山（島）就會連在一起，天亮又分開。這是因為以前山靈還活著，所以會動。現在由於人們亂開發，把山靈弄死了，所以不會動了。〔註6〕

分析目前所見的的龜山蛇山傳說，龜蛇二山共有以下幾種型態：（一）不論日夜皆成山形，但白天固定不動，晚上則會伸長了頭相合。（二）日間呈現山形，夜晚則變回龜蛇的模樣活動。（三）平時為龜蛇的模樣，死後才化為龜山蛇山。故事的發生地點共有三處：通樑、竹灣、二崁。其中通樑及竹灣分別在跨海大橋的二端，二崁則在竹灣的隔壁。由三者相鄰的地理位置來看，最初居民所指的龜山、蛇山應是同一座，但在後來流傳的過程中，各自加進了講述者的主觀意識，所以現在被認為是龜山、蛇山的地點有好幾處：西嶼、大倉、當地的某長形海岸（以上蛇山）：奎壁山、當地海中的龜形小島（以上龜山）。同時由於地理相鄰之故，此三地的土質皆呈現紅色，〔註7〕所以傳說中才提到這些紅色的土壤是由於龜血的噴濺所造成的。

這是一則解釋當地獨特地形的傳說，但令人不解的是，為什麼會有龜、蛇二山相合的說法？雖然傳說大部份都是虛構的，但應該也有部份事實的根據，說二山會夜夜相合，實在太不可思議了。所以筆者一度懷疑，這是由於潮汐因素所造成的一則傳說。白天漲潮，高漲的海水阻隔了二座山；晚上退潮，加上夜霧茫茫視線不良，所以遠遠望去，二座島好像相連在一起，而且由於退潮之故，海盜也無法進入港灣內進行搶奪。但實際上，每天的漲退潮有二次，換言之，白天也有退潮之時，夜晚亦有漲潮之時，如此，上述的推論便無法成立。不過筆者還是認為「龜蛇相會」的說法，應當和潮汐脫不了關係，可能是潮汐的變化，加上先民的幻想所形成的吧！

〔註5〕同註一。頁一〇三。

〔註6〕金榮華：《澎湖縣民間故事》，（台北中國口傳文學學會，民國八十九年十月），頁七十二。

〔註7〕西嶼一帶的地質為赭紅色的沙質土壤。據：《澎湖》：（澎湖縣政府，民國七十年），頁貳之三。

二、岩石傳說

（一）仙腳印的傳說

望安鄉天台山山頂上的一顆岩石上，留有一個形似人類腳印的足跡，當地傳說這個腳印是當年八仙過海時呂洞賓所留下的，因此稱之為「仙腳印」。關於「仙腳印」的傳說很多，有的說的很簡單，有的說的較複雜，但基本上都是藉由「仙腳印」的傳說，來說明望安附近的一些景觀及特產的由來。比較樸素的說法，只是單純的解釋腳印的由來，如以下的幾則：

> 望安有個天台山，山上有個仙人的腳印，是左腳的，留在山頂的石頭上，但時間已經很久，不太像了。花嶼也有一個腳印，是右腳。聽說這兩個地方本來是合在一起的，有一次，天上的呂洞賓來玩，在這裡大便，一用力，把地撐開，還留下了兩個腳印。〔註8〕
>
> 望安和花嶼本來是連在一起的，有一次，有一個神仙在這裡大便，被他撐開了。留下的腳印，一個在望安天台山，一個在花嶼。在望安的是左腳，在花嶼的是右腳。〔註9〕

在仙腳印的傳說中，主角大部分為八仙中的呂洞賓，但少部分則說是李鐵拐，為什麼？這可能與望安、花嶼二者的地理位置有關。傳說留有仙腳印的望安，距馬公不過二十多分鐘的航程（快艇），自古便是著名的風景勝地，昔時澎湖八景中的一景：「天台遠眺擬遊仙」，指的正是望安的天台山，至今天台山仍然是當地的熱門旅遊景點，每到觀光旺季便遊人如織，見過這個仙腳印的人非常之多。但相反的，留有另一個仙腳印的花嶼，位於澎湖的最南端（也是台灣領土的最南端）地處偏遠，距馬公有二小時以上的航程，平常人煙罕至，所以花嶼的仙腳印只是人們的口耳相傳，真正見過的沒多少人，在眼見為憑的心態下，有的人便認為仙腳印只有一個，既然仙腳印只有一個，那自然是八仙中唯一跛腳的李鐵拐所留下的囉！或許如此，所以後來有的傳說便將二人扯在一起，弄出一段爭風吃醋鬥法的風波，或是進一步說明「仙屎」落海之後形成哪些東西。

> 傳說八仙中的李鐵拐，有一天雲遊到望安的時候，忽然想上廁所，所以就下來天台山方便，等他方便完，就在那裡留下一個腳印了。

〔註8〕同註六。頁八十二。
〔註9〕同註六。頁八十三。

為什麼只有一個腳印？那是因為他只有一隻腳的緣故，後來就把這個腳印叫做「仙腳印」。〔註10〕

澎湖有一個仙人的腳印，是在望安天台山，形狀就像以前工人赤腳踩在泥巴上印下來的樣子；好像是左腳，五個腳趾印不是很明顯。一般傳說是呂洞賓留下的，但應該不是，八仙中的呂洞賓哪有可能打赤腳！八仙中誰打赤腳？應該是鐵拐李。當初他們八仙過海，各顯神通，呂洞賓和鐵拐李來這裡鬥法。鐵拐李說：「我可以把大陸的那座山移到海的那一邊去。」於是他就把鐵拐變成扁擔，一腳踩在天台山，把那座山擔了起來。這時呂洞賓施法術，把他擔上的土石震下來，結果變成我們的澎湖列島。〔註11〕

望安的天台山有個「仙腳印」，傳說是呂洞賓留下的。據說很久以前，常有仙人到天台山玩。有一天，何仙姑、李鐵枴、呂洞賓相約到天台山玩。不久玩累了，肚子也餓了，就去找個地方吃飯。這時李鐵枴因為忌妒呂洞賓長的英俊瀟灑又有女人緣，因此心存惡念，想趁機整整呂洞賓，於是就在他的飯菜中下了瀉藥。毫不知情的呂洞賓把飯菜吃了沒多久，便感到肚子不舒服，於是就找個景色怡人的地方，解放「廢物」。此時李鐵枴拿起枴杖，想偷偷的打他。呂洞賓及時發現，腳一蹬就飛走了。不過他的仙圈卻掉下來碎了滿地，這些碎片就變成現在的「澎湖群島」。又，呂洞賓跳起來時，腳蹬的太用力，所以就留下兩個腳印，左腳在天台山，右腳則因為地被李鐵枴打裂了，所以在花嶼那裡。不過也有人說，澎湖列島是呂洞賓的「仙屎」變成的。〔註12〕

在這些傳說中，呂洞賓所遺留下的「仙屎」總共形成了：澎湖群島、望安群島、文石、海中的黑色礁石。同時，據說由於「仙屎」的營養豐富，所以呂洞賓撒尿的地方，成為望安海域中盛產小管的地區。也許有人會這麼想，呂洞賓既然能踩裂花嶼及望安，留下的仙屎又形成那麼大的島嶼，可見當時他所顯現的身形應當是相當巨大的。但實際上，天台山上的仙腳印呈瘦長形，

〔註10〕張先生於民國八十七年十一月八日於中西村講述。楊惠雅、蔡旭倫等採錄。未刊稿。
〔註11〕同註六。頁六。
〔註12〕同註一。頁一○七。

大小約只比正常人大一・五倍左右，從腳印的大小推算，留下腳印之人，身高頂多在三公尺之間，以如此的身高、體形，能將島嶼踩裂、拉出礁石，實在不得不佩服先人想像力的豐富。

　　前文提到，文石是呂洞賓的仙屎所形成的，這大概是和文石的顏色通常呈黑褐色或土黃色有關，〔註 13〕但這樣的傳說實在太過於不雅，所以就有了一種「美化」的說法：

> 澎湖望安的天台山號稱天台仙境，據說呂洞賓曾跟李鐵拐在此地下棋。李鐵柺輸了不服氣，就用鐵柺把棋盤打翻，棋子落在天台山下，就成了現在澎湖的特產——文石。〔註 14〕

> 望安天台山上的棋盤是呂洞賓他們下棋用的，有一次，他們下棋時不小心打翻了棋盤，棋子灑了來，久而久之就變成了文石，因此現在天台山才會有那麼多文石和貓眼石。〔註 15〕

澎湖除了上述的仙腳印外，還有其他的腳印傳說：

> 古時候八月八日八仙過海，從東洋過西洋，經過澎湖縣鐵線里的西北角海邊，其中李鐵拐經過鐵線時，因為尿急就騎著牛落地。牛落地的第一個腳印，就印在海坪上留下一個腳印；而李鐵拐下牛的第一步，也留下他的腳印。他尿完後，就馬上騎牛飛回天上。這兩個腳印，當海漲潮時是看不見的，要等退潮後才看得到。這兩個腳印還會出泉水，而且還是淡水，又甜又好喝，這個八仙的奇蹟，是我們鐵線里的傳說。〔註 16〕

其實以上諸多的腳印傳說，在中國各地是很普遍的，並不是澎湖所獨有。早在干寶《搜神記》便有類似的記載：

> 二華之山，本一山也。當河，河水過之而曲行。河神巨靈，以手擘開其上，以足蹈離其下，中分為兩，以利河流。今觀手迹於華嶽上，

〔註13〕文石為數百萬年前海底火山爆發，熾熱的岩漿噴出後，因海水而溫度急速下降，所含各種礦物在降溫時沉澱，形成了各種顏色和花紋的石頭，是澎湖的特產。

〔註14〕同註一。頁一〇四。

〔註15〕張玉花女士於八十七年六月七日望安講述，朱爰聰、黃宜芬、盧虹羽採錄。未刊稿。

〔註16〕蔡修德先生於八十八年十二月十一日馬公市鐵線里講述，蔡靜蓉、陳梅秀、吳姮慧採錄。未刊稿。

指掌之形具在。腳跡在首陽山下，至今猶存。故張衡作《西京賦》
所稱「巨靈贔屭，高掌遠跡，以流河曲」，是也。〔註17〕

在台北的景美地區，也有一處名為「仙跡岩」的地方，山上還建有「仙公廟」，
供奉留下「仙跡」的呂洞賓。此外，金門及其他地方，也有類似的傳說：

相傳金門有三個仙人的腳印，水頭一個，南山一個，浦邊一個。從
前大金門和小金門是一個島，山和山是相連的，沒有分開，就是由
於仙人的腳一張，才把大、小金門分開了。仙人是誰呢？有人說是
呂洞賓。〔註18〕

福建福州東郊之鼓山，半山有一羅漢台，大岩盤石上有許多足跡，
相傳為古時十八羅漢來遊鼓山時留下的足跡。〔註19〕

零陵縣石上有夸父跡。……湘東陰山縣北數十里，有武陽、龍靡二
山……龍靡山有盤石，石上有仙人跡及龍跡。傳云：「昔仙人遊此二
山，常稅駕此石。」〔註20〕

台州覆釜山……有巨跡，云是夸父逐日之所踐。〔註21〕

因此「腳印」的傳說，所在多有，附會在呂洞賓身上的叫「仙跡」、「仙腳印」，
附會在夸父身上的就叫「夸父跡」，是中國地區個很普遍的傳說。若再往前推
測這類傳說的由來，應當是源於上古時代對於大自然萬物的一種敬畏心態，
遠古時期的人們，生活是與大自然息息相關的，但對於大自然許多神奇的現
象（為什麼石上有腳印？這麼多的島嶼是怎麼來的？）卻無法提出合理的解
釋，於是自然而然的便對天地、日月、星辰、風雷、水火……產生了崇拜及
敬畏的心裡。但隨著社會文化的進步，敬畏之心逐漸退去，便嘗試著將這些
神奇的事物給予一個合理的解釋，石頭如人立狀的，稱之為「望夫石」、石上
的痕跡如人跡者，便說是仙腳印、夸父跡，然後創造出相關的傳說故事以為
佐證。

〔註17〕干寶：《搜神記》，（台北洪氏出版社，民國七十一年元月），頁一五九。

〔註18〕金榮華：《金門民間傳說》，（台北中國文化大學‧民國八十六年三月），頁一。

〔註19〕林衡道：〈台灣的民間傳說〉，（台北《漢學研究》，民國七十九年六月，第八
卷第一期），頁六六五。

〔註20〕李昉：《太平御覽》，卷三八八引《荊州記》。（北京中華書局，一九九五年十
月），頁一七九五。

〔註21〕《太平御覽》卷四十七引《郡國志》，頁二二八。

（二）望夫石的傳說

「望夫石」是發生在澎湖七美的一則愛情故事：

> 從前在七美有一對恩愛的夫妻，丈夫每天出海捕魚，妻子每天都會
> 到海邊等待丈夫回來。有一天，丈夫出海捕魚，遇上惡劣的天氣，
> 從此便沒有再回來。但是這位深愛他的妻子，依然每天到海邊，痴
> 痴的等待丈夫。最後由於體力不支，就死在那裡，村民很同情她，
> 便將她埋在等丈夫的地方，漸漸那裡就形成一個人形的石頭，向著
> 海邊眺望。大家就叫它望夫石。〔註22〕

這則傳說比較單純，採集到的數則說的都差不多，大意是講丈夫出海捕魚未
歸，妻子至海邊守候，終至化為石人，或死後葬於等候處，日久遂形成一塊
人形石。這類傳說在中國流傳的十分廣闊，古籍的相關記載甚多，許多地方
都有以「望夫」為名的山石，所以鍾敬文便將這種「望夫型傳說」列入「中
國地方傳說」的十個情節類型之一，張紫晨也把它列入「中國古代傳說」的
二十一個情節類型之一。〔註23〕至於近代採集的則有：寧夏「望郎山」的傳
說、雲南白族「望夫雲」的傳說、廣西壯族「望君頂」的傳說……。〔註24〕

　　望夫石傳說的典型，大多是丈夫出門或遠行不歸，妻子因過分悲傷而在
送行或等待的過程中化為石頭。由「望夫」二字來看，既言「望」，想當然耳
的，石形應當成「人立狀」，方能「遠望待夫」，所以古籍中較早的記載，望
夫石差不多都是以「人立」的狀態出現，如以下這二則記載：

> 武昌陽新縣北山上有望夫石，狀若人立者。傳云：昔有貞婦，其夫
> 從役，婦攜弱子，踐送此山，立望而行化為石。〔註25〕

> 漳水又東，北有貞婦，歷望夫山，山之南有石人，佇立於山上，狀
> 有懷於雲表，因以明焉。〔註26〕

〔註22〕同註一。頁一一五。

〔註23〕譚達先：《中國傳說概述》，（台北貫雅圖書公司·民國八十二年六月），頁二
　　　　十三、二十五。

〔註24〕程薔：《中國地方風物傳說》，（北京中國廣播電視，一九九六年九月），頁五
　　　　八二、四五六、二五一。

〔註25〕出《列異傳》。見魯迅：《古小說鉤沈》，（香港新藝出版社，五十六年三月），
　　　　頁一四七。

〔註26〕酈道元：《水經注》、卷十、〈漳水條〉，（台北世界書局，四十五年五月），頁
　　　　一二七。

但七美所見之望夫石卻成「臥姿」，並無遠望之實。雖然有的傳說解釋，這是由於婦人死後葬於此處，日久所化的石人，所以石人才會以「臥姿」狀呈現。此種說法雖然合理，但仍不免給人名實不符的感覺。或許換個角度來看，我們可以這麼推測：其實七美的望夫石傳說，根本是由外地傳進來的，而正好七美的海邊有一塊臥狀的人形石，加上島上常有丈夫出海捕魚未歸的事實（由早期科技的不發達及澎湖海域的險惡來看，這是很有可能的），二者相結合的結果，便形成今日我們見到的七美望夫石傳說。所以王孝廉說：

> 望夫石的傳說應該是起因於現實社會裡，有無數望夫而死的事實，
> 或是良人遠商不歸、被征去戍守邊疆征戰而死，留下妻子每天倚門
> 而望，或攜幼子登高山以望遠方，等待良人的歸來，而由此產生了
> 各地望夫石與望夫山的傳說。〔註27〕

大抵有情人不能結為眷屬，或恩愛夫妻之生離死別，總是引人同情及傷感的，加上對於大自然中的人形石，懷著神秘不可解的心態，所以才有這類型故事的產生。

三、洞穴溝谷傳說

（一）忠義洞的傳說

澎湖沿海地區有不少的海蝕洞，其中最著名的為風櫃的「風櫃洞」、小門的「鯨魚洞」。傳說「風櫃洞」是由荷蘭人的大砲所轟出來的；「鯨魚洞」則是由一隻擱淺在岸邊的鯨魚所撞擊出來的，二者都是目前澎湖熱門的觀光景點。在七美，有許多關於「忠義洞」的傳說，但實際上，卻沒有人知道這個洞在哪裡，傳說中所敘述的慘事，到底是子虛烏有還是真有其事，也無人可以說出個正確答案出來，這到底是一則怎樣的傳說呢？

> 忠義洞又名古仙洞，也有人叫它月鯉洞，這是一個天然的山洞，從
> 外面很難發現洞口，所以每當海盜來侵襲七美時，大家便都到忠義
> 洞躲避。有一次海盜來襲，村民照例躲到洞裡面。海盜搜遍整個村
> 子，找不到半個村民，正感到奇怪時，聽到了狗叫的聲音，這是因
> 為有一隻家犬來不及進到洞中，而在洞外大吠。海盜循聲找來，發
> 現了山洞，但不敢貿然進攻，便收集村中所有的棉被在洞外焚燒，

〔註27〕王孝廉：《中國的神話與傳說》，（台北聯經出版社，八十三年四月）頁二十九。

希望用煙把村民燻出來，但卻沒有人走出來，最後這些人便全被燻死在洞裡了。事後統計，約有五百多人在這次事件中死亡。所以後來有一段很長的時間，七美人都不養狗，就是因為這個緣故。〔註28〕

在很早以前，有一次日本倭寇到島上來搜刮、搶劫財務，所以七美人便跑到西北方的一個洞避難，其中有戶人家忘了家中的狗，使得忠心的狗為了找主人而在洞口大叫，沒想到因此卻引來倭寇的注意。心狠手辣的倭寇為了取得珠寶，便把棉被、乾柴堆在洞口，點起火來用煙來燻他們，所以那些人便活活的被燻死在洞裡。傳說那洞裡還存著當時村民所留下的金銀財寶，但是事隔多年，現在已經找不到那個山洞了。〔註29〕

清朝時期，海賊來搶劫七美，七美的人都躲在後山的洞裡，房子空空的，海賊找不到人，也沒有東西可以偷。後來，海賊經過那個山洞，聽到有狗在吠，知道裡面一定有人，就要洞裡的人出來，洞裡的人不出來，他們就放火薰，結果薰死很多人。這就是後來七美人不再養狗的原因。〔註30〕

這些傳說大家言之鑿鑿，彷彿就像親眼所見一般，還據此說明七美人因而此不養狗。但既然如此，何以洞穴的實際地點卻始終找不到呢？據當地人說：

如今忠義洞的發生地點，和它的發生年代一樣是個謎。有人說：這個洞是在西湖村西北灣的海邊山壁下，言之鑿鑿。也有人說，這個洞就在現在七美燈塔東北側，面對月鯉港的山腳，亦即一般人所說的「月鯉洞」。（以當時居家情形判斷，可能性極高）。……現在洞口都已完全封閉了，傳說中的西北灣忠義洞，由於山壁坍塌，山腳下盡是石塊，清理不易。鄉公所以前也曾斥資整理過，但無功而退。至於月鯉洞，由於年代久遠，洞口亦不易辨認，然，設若要挖掘，其工作或許比西北灣忠義洞容易，只是其真實性如何，尚待考據。〔註31〕

〔註28〕同註一，頁一一七。
〔註29〕李秀嬌女士於八十八年十二月二日七美鄉西湖村講述，江依芳、王佑庭、陳秀綺採錄。未刊稿。
〔註30〕同註六，頁八十七。
〔註31〕《七美島上的故事》，（澎湖七美鄉公所・民國七十九年五月），頁二十。

差不多民國五十幾年的時候，七美要發展觀光，除了七美人塚，沒
有其他觀光景點，所以鄉公所的張啟明鄉長說：「我們一定要將忠義
洞找出來。」因為西北灣地方上的那些老人說：他們小時候的確知
道有一個洞在那裡，可是因為那裡是個不吉祥的地方，所以沒有人
敢去，到現在都六、七十年了，現在那裡可能因為玄武岩崩塌下來，
或是海邊地層下陷被石塊蓋住，想找都已經找不到。那時我還在七
美鄉公所服務，張鄉長他認為這個很有觀光價值，如果說能夠把它
找出來，可以為七美帶來另一個觀光景點，所以向縣政府申請了幾
十萬，然後叫雇工根據那些阿伯的印象去挖掘，直到幾十萬花完了
還是找不到。另外，忠義洞以前老一輩的人叫作「鬼仔洞」，是一個
比較不吉祥的地方，後來可能是為了發展觀光，才稱之為忠義洞，
但是真的要找到那個洞，確實找不到，所以忠義洞只是老一輩的傳
說。〔註32〕

據當地人所言，忠義洞極可能是由於岩石坍塌的緣故，所以才找不到。但是
否可能這個傳說是由外地傳入的，所以在七美才找不到實際的洞穴。因為在
望安不僅也有類似的傳說，更找得到實際的洞穴，而且洞穴的舊名也叫「鬼
仔洞」。在望安，故事是這麼說的：

天台山附近有個石頭路彎向西邊，那裡有一個「海嘯洞」，也叫做
「鬼洞」、「通島洞」。叫「通島洞」是因為那裡可以從天台山直接
通到東邊的「鴛鴦窟」，所以叫「通島洞」。叫「海嘯洞」是因為它
一面是山、一面是海，一到冬天吹東北季風，海浪拍打岸邊的時候
就會發出一種嘯聲，所以叫「海嘯洞」。叫「鬼洞」是因為當時有
很多日本倭寇到望安來搶劫，所以他們就會躲進這個山洞，由於躲
進去的人很多，所以他們就團結起來，或明或暗的和倭寇對抗。後
來那些海盜沒辦法，只好從山洞的兩頭用火燒，讓煙往山洞裡薰，
薰得他們受不了，可是他們又不敢出去，怕倭寇會把他們的妻子、
女兒捉去強姦，所以後來他們就通通死在裡面。直到台灣光復的時
候，那個地方還是有怨氣，常常可以聽到洞裡有哭聲，所以才會叫

〔註32〕呂調明先生於八十八年十一月二十四日七美講述，呂秀桂、陳本香採錄。未
刊稿。

「鬼洞」。〔註33〕

> 紅毛蕃來侵略澎湖，望安的人走蕃（躲避紅毛蕃），有一隻狗沒跟上，
> 到處尋找他的主人，紅毛就跟著過去，發現了躲在山洞裡的人，於
> 是那些人全部死了。所以後來望安的人家就都不養狗了。〔註34〕

顯然的，七美的忠義洞、望安的通島洞，講的都是同樣一件事，那故事到底
是由七美傳到望安或是由望安傳入七美呢？首先就二地移民的路線來看，據
呂允成先生的考證，認為：

> 七美最早期的先民……多由福建漳、泉及金門地區遷來，而第二批
> 或第三批先民，則由湖西菓葉經望安到七美。……明萬曆九年澎湖
> 第二批移民到來時，或由澎湖本島經望安到七美，……若要知悉移
> 民經過，應……至望安島尋根。〔註35〕

因此，由移民路線來判斷，這個傳說應該是在望安人移居七美時所帶過去的。
其次，由地點來看，傳說中的事件地點，在七美始終是個謎，找不到，但在
望安，卻實實在在的可以找到這個洞，因此由移民路線、事件地點來判斷，
七美忠義洞的傳說極有可能是由望安傳進去的。

（二）黑水溝的傳說

傳說澎湖附近的某一段海域，它的海水不僅不鹹，而且還是甘美的淡水，
這個神奇的海域，如果從科學的角度來看，海中的淡水應是地底伏流湧現的
結果。但早期的澎湖人不明白這層道理，因此編出了一個很神奇的傳說來解
釋這個現象：

> 鄭成功撤退到台灣時，途中經過了澎湖。當時船上的水都喝完了，
> 所以鄭成功就把他隨身的寶劍丟入海中，結果海上便形成一條帶狀、
> 顏色較深的水域。他要士兵舀這水域的水來喝，結果本來是很鹹的
> 海水，竟然變成甘美的淡水，因此就解決了軍隊飲水的問題。後來
> 人們就叫這個水域為黑水溝。〔註36〕

在很久以前，當鄭成功從大陸到台灣的航行途中，遇到缺水的困難，

〔註33〕陳朝虹先生於八十七年十一月十三日望安加油站講述，陳漢師、蘇淑娟、郭
　　　　育銘採錄。未刊稿。
〔註34〕同註六。頁八十六。
〔註35〕同註三十一。頁四十六。
〔註36〕同註一。頁一九二。

所以軍師就要鄭成功拿出玉帶來給他,他有辦法變出淡水給大家喝。
於是鄭成功就將玉帶交給軍師,軍師退下後,吩咐士兵用絲線綁住
玉帶,吊在船尾拖曳,然後取其水來飲用,結果玉帶所流過的水竟
然全變成甜美的淡水,鄭成功知道了非常高興,心想怎麼會有如此
神奇的事呢?於是便到船尾一探究竟,結果鄭成功一看,勃然大怒,
自己如此珍貴的玉帶,居然只被用絲線綁著吊在船尾,這實在太危
險了,於是鄭成功下令處斬軍師,並且命令士兵換大繩索將玉帶綁
住,可是大繩索一綁,玉帶馬上沉入海中,永遠也取不回來了。現
在澎湖這裡海中會有淡水,相傳就是玉帶沉沒的地方。〔註37〕

有關黑水溝的傳說,其內容可以分為二種:第一種是「投擲式」的說法:
鄭成功在向天祝禱後,將身上的玉帶或配劍投入海中取得淡水。第二種是
「拖曳式」的說法:鄭成功或軍師以絲線將玉帶拖曳在船尾取得淡水,但
隨後被第三者改用麻繩繫綁,結果反而使玉帶掉入海中。這些傳說中,除
了第一則引文,皆說鄭成功投入海中之物為「玉帶」。何以鄭成功投入海中
的是「玉帶」,而不是「寶劍」、「官服」或「玉印」。玉帶是否含有某種特
殊意義?蔡蕙如、楊瑟恩依據李獻璋的記載,認為玉帶之所以能將海水轉
化為淡水,乃是因為玉帶為仙人所贈,所以有不平凡的作用,〔註38〕所據
的故事是這樣說的:

鄭成功到打狗山尋寶,進入一洞穴,遇見一位仙翁,並問仙翁台灣
三寶在那裡?因為有了這三寶(米糧、玉印、神木)才能回復明代
疆土。仙翁則請鄭成功在洞裡過一宿。隔日,仙翁到床邊向鄭成功
問道:「藩主昨夜睡的是什麼床?」鄭成功答說是:「石床」。仙翁不
覺嘆的一口氣說:「明該滅、清該興,不然藩主是聰明人,何以將玉
床誤認為石床呢?從此玉印再也拿不到了!現有玉帶一條,贈送藩
主,這條玉帶也是稀世寶物……在大旱行兵時,可以從小水泉引出
大水泉來,航海乏水,也可以用這條玉帶墜入海中,叫鹽水變成淡
水,不幸遇著狂風暴雨,舟船將要傾覆的時候,就用細線繫住此帶,

〔註37〕某女士於八十七年十二月六日竹灣講述,劉家惠、徐玉伶採錄。未刊稿。
〔註38〕楊瑟恩:《鄭成功傳說研究》,(輔大中文所碩士論文,民國八十六年六月),
頁一二一。蔡蕙如:《與鄭成功有關的傳說之研究》,(台南市立文化中心‧民
國八十七年六月),頁一一七。

墜入海裡，那麼就可以把波濤平靜下來。」〔註39〕

在這裡，玉帶的由來、神奇的作用、何以要用絲線來繫綁的原因，全都得到了解釋。但筆者並不認為這樣的說法，可以用來解釋澎湖黑水溝傳說的由來，因為：

1、由早期台灣的移民路線、故事的傳播方向、鄭成功撤退來台的路線，三者綜合來看，應該都是福建（金門）→澎湖→台灣，所以台灣的傳說，應該是比較後起的、受福建影響的、是在閩、澎二地傳說的基礎下，進一步發展的，所以用台灣後起的傳說，來解釋閩、澎二地較早的傳說並不合理。因此蔡、楊二君以此獲得的結論，是倒果為因的結論。

2、在澎湖找不到任何有關神仙賜玉帶給鄭成功的傳說，更可以證明台灣取三寶、贈玉帶之說，是在台灣後起產生的。

3、由故事內容來說，鄭成功由於取三寶未果，而獲神仙贈予玉帶之事發生在台灣，但蔡、楊二君於論文中所舉的「角帶（玉帶）水」例子，並無發生在台灣的例子。換言之，鄭成功在台灣所取得的玉帶，實際上並無用武之地，台灣的傳說，只是在閩、澎二地傳說的基礎下，進一步將玉帶的神奇做了解釋，並不能倒過來說，鄭成功的玉帶因為就是這樣得來的，所以才有神奇的作用。況且，鄭成功是先到澎湖再到台灣，他在澎湖所使用之玉帶，不可能為台灣的神仙所賜，蔡、楊二君的結論是顛倒時間順序的結果。若鄭成功之玉帶真的為來澎前神仙所贈，則鄭成功不可能不知道玉帶的使用方法（可以化海水為淡水，但需要絲繩繫綁），但實際上，黑水溝的形成，就是因為鄭成功不知玉帶的使用方法（將絲線換成麻繩），所以才讓玉帶掉入水中造成的。況且從故事中，完全看不出鄭成功是明知玉帶的使用方法而故意違背神仙的指示來使用玉帶。

因此，關於玉帶能轉化淡水的傳說，應是另有源頭，而且這個源頭應該從福建去找尋而不是台灣。於是問題繞了一圈又回到最初的原點：為什麼能轉化水質的是玉帶，而不是寶劍、玉印？在福建南安石井鄉有這樣的傳說：

> 角帶水，在南安石井鄉，石井鄉隔江對岸有白沙宮，宮前沙灘上終
> 年縈迴一圈綠水，俗稱「角帶水」。相傳鄭成功點兵該處，渴甚，無
> 井可汲，而江水盡滲海水，鹹難入口，鄭成功乃脫下角帶（玉帶），

〔註39〕李獻璋：《台灣民間文學集》，（台北龍文出版社‧民國七十八年二月），頁八
　　　　十四。

以圍沙灘中水，水變得很甘甜。〔註40〕

（前略）鄭成功深知，鄉鎮裡飲水單靠那口小小的石井是不夠的。
倘若老是讓這鄉民獻水，老百姓難解乾渴，又何以表明鄭家軍愛民
之心？鄭成功懷著沉重的心情，獨自漫步海灘，苦苦地思索著⋯⋯
當他走到岸邊相思樹下的時候，忽然發有成群的螞蟻在沙地上爬行。
鄭成功喜上眉梢，趕快解下束腰玉帶，把蟻窩圈了起來，立即召甘
輝提督帶一隊兵士前來，他胸有成竹地說：「從本藩玉帶所環之沙地
挖下，必有清泉水。」⋯⋯

掘開沙地不及五尺，只見一股清亮的泉水從土層裡冒了出來，很快
就咕咕響地湧溢出地面。掬口泉水嚐嚐，很是清淡甘甜。將士們十
分驚訝：為什麼這一帶是海潮當年淹著的常地方，挖出來的水竟然
沒有半點鹹味？他們就活龍活現地傳開了，說國姓爺是東海神鯨轉
世的。束腰的玉帶是天上神仙的寶貝，鄭成功親自以玉帶環沙，揮
鎬動土，驚動了龍王，慌忙獻出了淡水，等等。鄭成功聽後淡然一
笑，便對士兵們釋道：「螞蟻爬行疊窩，只有淡水淡地方能發現，若
是鹹水鹹地，螞蟻則難以生存。并非本藩玉帶有什麼神力能迫使龍
王獻出淡水，實為沙地之下有淡水源頭，一經打開即噴湧而出。」⋯⋯
後來，人們就把這口鄭成功指導開鑿出來的井，叫「玉帶環沙國姓
井」。〔註41〕

在第二則傳說中，鄭成功因為見到了螞蟻築穴，而知道蟻穴之下藏有淡水，
為了標示出蟻穴的所在地，所以用束腰的玉帶圍住蟻穴。在這個故事中，玉
帶因為具有柔軟可彎折的特性而能圈住蟻窩，如果用佩劍或其他物品的話便
達不到同樣的結果。這則傳說講得合情合理，絲毫沒有半點神怪色彩，而且
其中提到的「國姓爺是東海神鯨轉世的，束腰的玉帶是天上神仙的寶貝。」
就是現在台灣確實可見的鄭成功傳說，由此可以推測這個傳說應該是較早期，
鄭成功尚未被神化的一個傳說。而傳說中的「玉帶環沙」事件，很可能在實
際生活中發生過，只不過不是發生在鄭成功的身上，而是民間古老智慧及經

〔註40〕禾日：《台灣的根與枝葉》，（台北國家出版社·民國七十二年三月），頁一四
　　　　五。
〔註41〕馬昌儀編：《中國地方風物傳說》，（北京廣播電視出版社，一九九六年九月），
　　　　頁二二一。

驗的累積，但是在傳播的過程中，經過民眾加油添醋的渲染，越說越神奇，並且將之附會在鄭成功身上。所以鄭成功他只是個「箭垛式」的人物，在他之前，「玉帶能出淡水」的傳說，早就在福建沿海一帶流傳，他只是最後被附會的對象罷了。同時，在此種「傳說圈」〔註 42〕的範圍下，當澎湖的海中發現一股淡水，而鄭成功也的確曾經航行經過澎湖的同時，民眾便很自然的將這種「玉帶能出淡水」的傳說附會在他的身上，成為澎湖黑水溝的傳說，這從地緣關係及移民路線來講，是很有可能的。不然的話，在黑水溝的傳說中，鄭成功丟下海中之物，不論是玉帶或寶劍，效果都是一樣的（都是狹長的外型），為什麼特別要說是「玉帶」呢？顯然是人民心中早已有了「玉帶能出淡水」的觀念所造成的結果。至於台灣的傳說，只是更進一步將玉帶的來源，說的更神奇罷了。

四、井的傳說

（一）四眼井

澎湖此地因為無河水流貫，加之雨水又少，自古便是極為乾旱之地，民眾唯一的水源，便是鑿井取水，但據說此地每挖三口井，便有一口是不能用的鹹水井，所以當人們面對一口特別甘美可口的井時，往往會想像這口井應有特別的由來，進而賦予它許多神奇的傳說。澎湖最著名的井，便是位於馬公市天后宮旁的「萬軍井」及「四眼井」，此二井的傳說都和媽祖有密不可分的關係。首先，關於「四眼井」的傳說是這樣的：

> 傳說某天，天后宮的媽祖坐神轎出巡，走到現在四眼井的地方，抬轎人一不小心，把神轎掉在地上。神轎的四根木腳撞倒地上，在地上撞出四個洞。緊接著，源源不斷的泉水從洞中湧出來，形成現在的「四眼井」。〔註43〕

> 鄭成功）登陸後，許多士兵卻因為缺乏飲水而紛紛不支倒地，偏偏澎湖本身又是個極為缺水的地方，無奈之餘，鄭成功只好再次設立香案，祈求上天幫忙。此時，鄭成功的佩劍忽然化為成一條龍，鑽

〔註42〕傳說是依附於一定歷史地理背景上的人物、事件、風物、習俗而存在的，其傳播的地區範圍是有限制的，故一個傳說所能流行的範圍，稱之為「傳說圈」。（劉守華：《比較故事學》，上海文藝出版社，一九九五年）頁二七二。

〔註43〕同註一。頁七十七。

入香案的所在地，來回數次。不久，地上即冒出數股甘甜的泉水，解決了軍隊的飲水問題。事後，鄭成功下令在此處開鑿水井，就成為現在的四眼井。〔註44〕

有關「四眼井」由來的傳說，大都是屬於第一則的「神轎說」，第二則的說法是唯一的一則，關於這則「寶劍化龍鑽井」的說法，將於後文與「萬軍井」一併討論，此處暫且不論。四眼井據說是馬公市最早的一口井，但是確切的開鑿年代已經不可考了。有人認為可能在清乾隆時期就已經有四眼井了，〔註45〕也有人認為四眼井開鑿的時間應該比天后宮的創建還要早，因為人民對水的需求是先於宗教的。〔註46〕二說的年代相差了數百年，到底誰是誰非也難以下定論，因此除非有更新的資料出土，否則四眼井的歷史，只能繼續存疑了。

「四眼井」是現在國語的說法，按本地的發音應記為「四孔井」（「孔」音：ㄎㄤ、khang），意為有四個孔的井。為什麼會做出外形這麼奇怪的井？據老一輩的人說這因為：

1、因為井面過大（內徑一八○公分）〔註47〕，為防有人不小心落入井中，故將井面封住，只留下四個小孔供汲水之用。

2、可同時供四個人提水，避免排隊爭吵。

3、澎湖海風朔大，日照強烈，為了避免井水被太陽蒸發或井中掉入不乾淨之物品，故而做成現在的形狀。

4、井面被蓋住，不容易形成光合作用，不至於生青苔而影響水質。〔註48〕

上述這幾個說法是很合理的，完全體現出古人生活的經驗與智慧，至於

〔註44〕同前註，頁七十九。
〔註45〕《馬公市志》云：「（四眼井）……鑿於何時雖然已無考，惟可知有人就有水，可能在乾隆時已有。」見蔡平立：《馬公市志》，（澎湖馬公市公所‧民國七十三年八月），頁七十五。
〔註46〕《澎湖》：「四眼井的開鑿年代沒有確切的資料可查考，但是以中央街為澎湖最古老的舊街來判斷，這口井的開鑿年代約在元代……。」（澎湖縣政府，民國七十年），頁拾肆之二。
〔註47〕《澎湖馬公四眼井之研究與修護計畫》，（澎湖縣政府，民國八十五年十二月），頁五。
〔註48〕許智豪先生於八十七年十二月八日馬公中央街講述，謝佩玲、胡文綺採錄。未刊稿。

媽祖神轎之類的傳說，當是後來的附會。

（二）萬軍井

澎湖「萬軍井」的傳說，是台灣地區很常見的「劍井」傳說。這類傳說一般是說，由於軍隊缺水，兵士們不堪言，於是主角（鄭成功、施琅）就拔出配劍插入地中，結果插劍處便源源不絕的湧出泉水來。

> 清朝初年，施琅攻打臺灣。施琅以前是鄭芝龍的手下，曾跟隨鄭芝龍到臺灣，所以對澎湖很熟悉。一下子就攻下了澎湖。但軍隊登陸後，官兵卻都得了瘟疫，施琅沒辦法，就前往天后宮祈求媽祖庇佑。施琅說：「若是媽祖能保佑手下的官兵個個痊癒，我一定要皇帝送一個匾給天后宮。」於是施琅受到媽祖的指示，拔出身上的佩劍，往天后宮旁的地上一插，結果就噴出了一道泉水，官兵飲用之後，個個不藥而癒。於是百姓就把它造成一個井，稱為萬軍井。後來施琅履行了他的諾言，向朝廷述說經過，於是皇帝就頒一個九龍匾給澎湖天后宮。〔註49〕

這則故事和前引第一則四眼井傳說是同一類型的，都是利用劍來獲得水源的故事。這類型故事的典型都是：面臨缺水困境↓求水↓以劍插地↓出水（味甘淡美、源源不絕）。為什麼這些人物能以劍插入地中即能找出水源呢？這主要是由於主角的特殊身份（英雄）所致，由於主角的身份，使得他持有的器物擁有奇特的能力，將之插或砍在地上，便使得水源源不斷的噴出。在澎湖的傳說中，不論是鄭成功（反清復明的民族英雄）、施琅（收復台灣的大功臣）都不是普通人物，他們均背負著特殊的使命，由於這特殊的使命，使得他們的身份非比尋常，上天也給予他們特別的眷顧，所以當他們遇到某種困境（兵士無水可喝）而無法達成使命時，便向上天求助，自然而然的，上天也展現奇蹟，堅定英雄完成使命的信念。

通常這類型傳說，包含了三個重要的構成要素：英雄本身、神助、寶物（台灣地區所見多為寶劍），前二項，已見前文，此處則就「寶物」部分再加以說明。通常在英雄傳說中，英雄往往有個附屬物來替代自己，作為自己「英雄能力」的表徵，而寶劍配英雄，劍為英雄能力的表徵，成就的英雄非凡事業。中國自古以來即以名劍為神器，流傳著許多以劍稱王的故事，早在漢朝

便有漢高祖「揮劍斬白蛇」的傳說。

劍不但扮演著帝王服御的威權象徵,而且具有斬妖除魔的能力,如《抱朴子》云:「帶之以水行,則蛟龍巨魚水神不敢近人也。」〔註50〕劍除了能夠斬妖除魔,它所呈現的型態一般有:「劍氣」、「變化」、「飛騰」等現象,前引四眼井傳說,鄭成功的劍化為龍而飛騰鑽井,便是一例。所以寶劍成為施琅(鄭成功)在完成使命過程中,為主人化解困境的神器。簡單言之,劍之所以能插地出水,乃源於使用者之非凡身份、特殊使命,使用者透過上天之助使劍具有特殊功能,發揮神奇效能,進而插地出水,協助英雄完成使命。〔註51〕這樣的「劍井」傳說,流傳在古老的年代是可以理解的,但筆者從來沒想到,在目前科學昌明、教育普及的時代,居然還有同樣的傳說產生,而且主角還是我們的先總統蔣公:

> 大概是民國四十九年或五十年的時候,蔣中正來我們這裡。當時將軍沒有淡水,他到的時候正好碰上用餐時間,有人端了一碗蕃薯湯給他吃。他一吃便問:「蕃薯湯怎麼是鹹的?」旁人告訴他,將軍這個地方沒有淡水。於是他就到四處看一看,然後用他的佩刀插在地上,要當地人民在插佩刀的地方挖井,後來果然在那裡挖出了淡水來了。〔註52〕

> 從前的將軍沒有自來水,交通又不方便,蔣中正他就來了解民間疾,讓地方有自來水喝。那時候的將軍還沒有碼頭,為了迎接這位偉大的人物,就將小渡船翻過來,讓背面較平的船板連在一起,形成一條步道,好讓蔣中正走上岸。由於蔣中正精通地理,看到將軍百姓為了缺水而苦,就在登陸後,使用隨身所攜帶的拐杖(據說此拐杖非比尋常,裡頭暗藏刀槍),用力在地上一插,再命令部下從這裡挖井。結果真的就噴出一道水來,而且水質又甜又清,解決了百姓之苦。不過後來將中正逝世後,這口井也跟著乾掉,再也不出水了,所以這口井在七、八年前,就被填平為道路了。〔註53〕

〔註50〕葛洪《抱朴子》,(台灣商務印書館‧民國六十八年十月),頁三三〇。
〔註51〕以上參考:楊瑟恩:《鄭成功傳說研究》,(輔大中文所碩士論文,民國八十六年六月),頁一二七。蔡蕙如:《與鄭成功有關的傳說之研究》,(台南市立文化中心‧民國八十七年),頁一〇六～一一一。
〔註52〕同註六。頁八十一。
〔註53〕陳鳥盡女士於八十七年十一月十二日望安將軍講述,陳雪華採錄。未刊稿。

同樣的故事，只是鄭成功換成蔣中正，佩劍換成佩刀、拐杖，但還是一樣的內容情節。「劍井」的故事，不會因為發生在現代，就變得真實可信，但所謂的無風不起浪，事實的真相究竟為何呢？以下的這段記載，可能才是事情的真相：

> 民國四十七年總統　蔣公乘坐砲艇，巡視澎湖離島。當總統　蔣公行至將軍嶼後村時，見有不少民眾，站在一口小井前排隊提水，就詢問原因。據左右告之，離島地區，因地質堅厚，且地下水層，常深於一百五十公尺以下，想開一口深井，實不容易。蔣公聞之，就同著隨行人員登臨高地，俯瞰孤島全貌，並察勘地下的土質。未久，蔣公就命當時的縣長，就地試鑿一井，為全島居民，解決飲水的問題。當初開鑿的時候，沒有人相信，可以出水，因數百年來，不曾有人鑿通一口水井，而以前所用的淡水井，也不過深八公尺，寬一公尺，且水質渾濁，需要沉澱，才可飲用。因總統　蔣公心意已決，受命之人，只得排除各種困難，逾五個月後，已鑿至一百二十公尺，仍黃沙一片。但由於蔣公的訓示增加信心，乃再接再厲，至井深一旦五十公尺時，突見泉水自管裡噴湧而出，不但未含鹹味，且水質良好。將軍嶼首次在沙硬土之上，湧現清澈甘甜的井水，百姓目睹奇蹟，都相擁歡樂若狂，莫以名狀。將軍嶼居民為感念總統　蔣公之恩德，曾搭演外台戲，連唱數日，並殺豬宰羊，相慶狂歡。第二年總統　蔣公再度親臨將軍嶼時，見居民已有甘泉之水可飲，乃題詞「飲水思源」，勖勉島民。百姓亦以此立碑，世代相傳，永懷德澤。〔註54〕

一則政府為民鑿井的事件，經過眾人的口耳相傳，竟然成為一則現代版的劍井傳說，由此可見，在離島地區，一口能出淡水的井，是多麼的難得與珍貴呀！

五、地名傳說

澎湖的地名傳說不少，但本於史實的陳述較多，出於文學的趣味較少，比如說「將軍」島的名稱由來是因為鄭成功的一位部將李將軍葬於島上，故名將軍島；「望安」島則是鄭成功希望他的船隊平安到台灣，故取名為「望

〔註54〕陳豪：《憶澎湖》，（自印本・民國六十七年），頁二十四。

安」;「姑婆」嶼則是一位未婚女子老死於島上,故稱為「姑婆」:

> 明末鄭成功要反清復明,帶著軍隊,經過這裡去臺灣。他有個愛將
> 叫李將軍,可能是年紀大了,加上坐船顛簸,竟死在船上。鄭成功
> 就將他葬在對面那個將軍島上。將軍島本名叫「將澳」,因為葬了這
> 個李將軍,李將軍又顯靈,當地百姓替他建了一個「李將軍廟」,所
> 以後來就將「將澳」改名為「將軍」。我們望安是由八個島組成的,
> 舊稱「八罩」。那時鄭成功要到臺灣反清復明,船到這裡大將李將軍
> 死了,他怕船隊到不了臺灣,就祈禱上天,希望讓他的船隊平安到
> 達。因為「希望平安」,所以就把這裡改稱「望安」。

> 另一個說法是:以前大陸人來這裡捕魚,看到我們網垵口那片白沙
> 灘,就來休息、曬網、補網。因為這裡的地形是一個港灣,又常在
> 這裡曬魚網、補魚網,所以就叫這裡「網灣」──曬網、補網的港
> 灣。後來叫成望安,是音近叫錯了的。〔註55〕

> 有一個小姐,她有一個很要好的結婚對象,但是因為家人反對,要
> 替她另外訂親。這位小姐為了要表示對她男朋友的忠貞,所以就逃
> 到一個無人島上居住不肯回家。家人沒辦法,只好定期送一些必需
> 品給她。後來她便一直待在島上,直到老死,始終沒有結婚。她兄
> 弟的子孫來看她,都稱她姑婆,所以漸漸的這個島就被稱做姑婆嶼。
> 〔註56〕

在眾多的地名傳說中,最為人們傳誦的,是發生在七美島上「七美人」的故
事:

> 日據時代,在某個島上,有一戶人家生了七個美麗的女兒。有一天,
> 姊妹七人一同到戶外踏青,但不巧遇見了一個日本軍官,日本軍官
> 見其美麗,就想染指。七姊妹不從,於是便投井自殺。後人感其節
> 操,就把此島命名為七美島。〔註57〕

> 大約在明朝嘉靖年間,海上倭寇忽然襲擊七美,當時有七位女子在
> 一起撿柴,那些倭寇看到她們,便起了歪念,想要侵佔她們。這七
> 位女子為了保全貞操,拼命的逃,逃到最後,無處可逃之時,看見

〔註55〕同註六。頁二四四。
〔註56〕同註一。頁九十七。
〔註57〕同註一。頁九十七。

旁邊有一口古井，便跳入井中殉節。後來在古井旁長出了七棵樹，
每到冬季便全部枯萎，到了春季卻又葉、花齊開，而且只開花不結
果，花色呈米黃色。也有人說，花只有花蕊，沒有花瓣，摘花的人
會肚子痛。後來為了紀念她們，就把島名改做七美島了。〔註58〕

七美位於台灣海峽南部，為澎湖群島中最南的島嶼，故名「南嶼」、「南天嶼」，
且因為是澎湖本島以南離島中最大的一島，故又稱「大嶼」（實際上七美的面
積比望安還小些，可能當時的測量有誤）。直到民國三十八年，官方為表彰七
位貞女的節烈事蹟，方將「大嶼鄉」改名為「七美鄉」，「七美」自此定名。〔註
59〕有關七美殉節的傳說雖然簡短，但因為講述者眾多，而產生許多不同的說
法。故事大意主要是說，有七位美女，因受盜寇所迫，為保持清白遂集體投
井自盡，死後井邊長出七棵樹。但細節上有很多不同的說法。以下據搜集所
得的資料條列如後：

（一）七美的身分：七位撿柴的少女、七位洗衣的少女、七位正在聚會
的結拜少女、七位當地最美的少女、七位海盜的妻女（此種說法是認為當時
七美島上並無人煙，唯有海盜利用當地的地形來藏寶，慘案的發生是海盜們
黑吃黑的結果）〔註60〕。

（二）盜寇則有：海盜、倭寇、荷蘭人（紅毛蕃）、日本軍官數說。

（三）投井後則長出：1、七棵樹。2、七美中有一美懷孕，所以七樹中
有一樹有分枝。3、七朵花。4、七美中有一美得氣喘病，故七朵花中有一花
開的較不好看。5、七叢草，叫七美人草。

前二項說法，真相為何，目前尚無法定論，但確實可知的是，井邊長出
來的是「七棵樹」而非「七朵花」、「七叢草」。據說這七棵樹很具靈性，若隨
便摘其花葉，便會肚子痛。其樹終年長青、開白花、味道甚香，當地民眾稱
為「香花樹」，日本人說它是「一葉萩」，學名叫「葉底珠」，現代學者則指其

〔註58〕同註一。頁一一九。
〔註59〕同註三十三，頁八。
〔註60〕「這個小島（七美），本是海賊島，經常在海上攔截商船或海賊船，可謂海賊
再劫海賊，將所得之贓物，隱藏於這島上的洞穴，某時被劫的海賊，探知此
島為掠奪者之根據地，乘其不備，突然襲擊該島，……有女子七人，當然是
海賊的妻兒……倉促不及躲避……乃急縱身相繼投井而死，後人做紀念或記
號之故，才植七株樹於井旁……。」許益超〈澎湖歷史風物的探討〉，（《台
灣風物》，民國六十年五月，二十一卷二期），頁二十三。

為「市蔥」。〔註61〕由於七美的故事淒美感人加以眾說紛紜，使得不少地方人士紛紛考查相關史籍，希望能釐清事情真相。

首先就傳說本身來看，七美殉節是發生在明洪武年間或嘉靖年間的一個事件（詳下文），但在史籍的記錄，卻遲至清末才在《澎湖廳志》見到文字記錄，期間相隔至少三百六十餘年，而且這條記錄，還很可能是唯一的一條記錄：

> 八罩而南為南大嶼，海濱僻處有花數株，莫知其名，開時色頗絢爛，
> 有折之者，則病作。或云，前朝人避亂居此，遭海寇，有女子七人
> 投井而死，此花產於井中，殆魂魄所化也。〔註62〕

《澎湖廳志》之外，民國以前的其他志書並沒有發現相關的記錄，而《澎湖廳志》成書於清光緒十九年（一八九三年），因此七美殉節的傳說，最晚在光緒年間便已形成，但最早可上溯至何時，則無法確定。不過若以傳說的中心——七美人樹來看，傳說的年代不當早於樹齡，然而學界對於七美人樹樹齡之調查亦無定論，有說約四百年者、〔註63〕有說僅百餘年者，〔註64〕因此傳說確切成立的年代，仍無法判斷。

日據時代，七美當地先後於明治四十二年（民國前三年、西元一九〇九年）、大正十四年（民國十四年、西元一九二五年）立「七美人立碑」及「七美人塚」二座石碑，並於碑後勒文，以紀念這件節烈事蹟，第一座碑文今已磨滅，無法辨識，第二座碑文如下（已不能辨識的字，用「△」代替）：

> △聞傳說明朝嘉靖年間，海寇襲來而燒毀△家，恣掠攘奪，凌辱婦
> 女而將戮之，嶼民殲△。當時有貞操七位烈女，今不詳氏名，徹底
> 知其不免毒及，自投於井死而完節，後生綠△△七株，此樹有正氣
> 嚴性，以至於今三百餘年之久，前安藤君以鏈石立碑，年遠，文字
> 不在，今逢樹△巡查部長雅意，招募有志人等，緣資石匠，雕製榜
> 文，貽厥永遠，以為死之龜鑑焉。大正乙丑七月十五日，保正鄭碾

〔註61〕李紹章：《澎湖縣誌‧文化志》，（澎湖縣政府‧民國七十二年三月），頁一二三八。

〔註62〕林豪：《澎湖廳志》卷十〈物產‧草木〉條，（台灣銀行經濟研究室‧民國五十二年六月），頁三三七。

〔註63〕陳耀明：《澎湖縣鄉土史話》，（澎湖文獻委員會‧民國七十年六月），頁三十二。

〔註64〕澎湖廳（顏榮勤譯）：《澎湖事情》第一冊之二。見澎湖《硓𥑮石》，民國八十六年六月，第七期，頁十。

謹識。〔註65〕

這則碑文記錄了立碑的始末及七美殉節的事蹟，但據荷蘭籍學者包樂詩的考證，卻認為這「很可能是個神棍編造出來的故事」：

> 第一個寫七美殉節故事的人，是一個叫安藤（藤）的服役在澎湖的
> 日本警察，……有一次南港村一個神棍被他捕獲……結果這個神棍
> 講述了這個七美殉節的故事，日本警察安藤聽完這個故事很受感動，
> 便聯合鄭保正在民國前三年為七烈女立了一個殉節紀念碑，以紀念
> 他們的節烈，此碑現在立於七美井後邊兒，但是碑上所刻立碑人安
> 藤的名字在光復後已被人磨掉。……所以七美殉節故事的發生年代，
> 實際並不很古老，而且很可能是個神棍編造出來的故事，神棍所講
> 的故事中的情節，只不過是看著這個被七棵楸樹所謂繞的小井，配
> 合島上的傳說，再加上自己臆測的嘉靖四十三年這個時間，所編造
> 的故事。當時島上的老百姓非常相信這個神棍的話，所以在鄭碾保
> 正的領導下，重新立了一個紀念碑，鄭碾保正就是前保正鄭豁的兒
> 子。……這個神棍所編造的故事，五十年來居然深入民心，成為一
> 個人人相信的殉節故事，實在是一件有趣的事。〔註66〕

包樂詩大概是沒見到《澎湖廳志》的記載，才會做出七美殉節「很可能是個神棍編造出來的故事」的結論。七美殉節的故事，經過這二次立碑，逐漸傳播開來，並且在傳播的過程中，人們對它的認知也漸次由「傳說」轉變為「事實」。所以台灣光復後，縣長劉燕夫便於民國三十八年呈請上級把「大嶼」改為「七美」，以紀念七美人的貞烈事蹟。民國三十九年秋，何志浩將軍及李玉林縣長到七美人塚憑弔，感其氣節，遂做了一首「七美人歌」，並且把傳說中的「海寇」二字，改為「倭寇」，不久於民國四十二年國慶日立碑紀念，其碑文如下：

> 明嘉靖年間，倭寇侵澎湖掠大嶼，有七美人不受寇辱，投井全貞，
> 鄉人掩井葬之，塚上長香花樹七株，終年不凋，令改大嶼為七美嶼，
> 以紀念節烈。民國三十九年秋，余與李縣長玉林至島上弔七美人塚，
> 感其氣節，遂為之歌，歌曰：

〔註65〕同註三十一。
〔註66〕包樂詩：〈七美故事的探討〉，（《台灣風物》，民國六十一年九月，二十一卷三期），頁十三。

七美人兮白璧姿，抱貞拒賊兮死隨之，

英魂永寄孤芳樹，井上長春兮開滿枝。

象山何志浩　撰

湘鄉張默君　書

中華民國四十二年國慶日〔註67〕

這則碑文與前述日據時代所立的碑文，最大的不同點在於日人所記為「海寇」，漢人所記為「倭寇」。而「海寇」、「倭寇」的區別，在於侵襲七美、造成七美殉節者，究竟是漢人或日本人？此外，若侵襲七美者是海寇，則事件的發生時間應在明嘉靖四十二年（一五六三）；若是倭寇，則為明洪武二十年（一三八四）。〔註68〕據陳知青的實地考察，認為此事應發生於明太祖洪武二十年，倭寇進犯七美時，後因日本政府諱言倭寇，所以竄改「倭寇」為「海寇」，同時也改時間「洪武」為「嘉靖」。〔註69〕但由目前最原始的記載《澎湖廳志》來看，當時侵襲大嶼的，的確是「海寇」而非「倭寇」，陳知青會做出這種推斷，若不是忽略了《澎湖廳志》的記載，大概便是在當時「反日」的特殊意識型態下，所做出來的判斷。

其實，綜觀整個七美殉節傳說的發展過程，有不少人為及政治力量的介入：民國前三年的立碑，是由於一位「神棍」講述了這則故事，而「神棍」指的就是「乩童」，而「乩童」是神明的代言人，〔註70〕在從前不僅地位崇高，而且所說的話具有神聖、不可懷疑的力量；而立碑人：保正、日本警察、巡查部長，在當時地方上都具有一定的影響力。由於這些人的身份、地位，使得原本只是在口耳間相傳的一則鄉野傳奇，轉變為一件「驚天地、泣鬼神」的節烈事蹟，同時其道德象徵（貞潔、貞烈、寧死不屈），也取代了原本的鬼神信仰。〔註71〕之後澎湖縣長劉燕夫「為永傳七女子之貞潔事蹟於後世，乃

〔註67〕同註三十一。頁十六。

〔註68〕考諸歷史記載，洪武二十年，倭寇曾大肆進襲福建一帶，結果被江夏侯周德興領兵所阻，倭寇只好退襲大嶼。洪武二十一年廢「澎湖巡檢司」，徙澎民於泉、漳二州，從此澎湖遂淪為倭寇、海盜的賊窩。至嘉靖四十二年，戚繼光、俞大猷於大陸沿海夾襲海盜林道乾的船隊，並追擊至澎湖。見蔡平立：《澎湖通史》，（台北聯鳴文化公司，民國七十六年八月），頁一三四～一三八。

〔註69〕陳知青：《澎湖史話》，（澎湖縣政府，民國六十一年十一月），頁九十。

〔註70〕同註六十六，據包樂詩言。

〔註71〕翁安雄認為：「七美故事最初並無『貞烈』推崇的觀念（至少其主要精神不在此），而是與一般民間對屬鬼或『陰神』的信仰一樣，強調其『靈驗性』。」

易大嶼為七美。」〔註72〕更是進一步運用政治的力量,來強化這種道德象徵。其後官方的縣志、碑文,又改「海寇」為「倭寇」,更是在「去皇民化」、「歌頌中華文化」的意識型態下,利用官方的力量,建構日本人侵略七美、殘暴不仁的「史實」。因此,不論是日據時代的立碑,或光復後的更改地名,都是利用政治力量來建構一種「忠貞、節烈、不屈」的意識型態,以作為人民行為思想的典範。

　　然而傳說到底不是歷史,雖然一件事情的發生,必然有其相關的歷史背景,但即使將這些歷史背景一一考證出來,證明了當時的澎湖的的確確是屢遭倭寇、海盜的侵襲,也無法證明一定發生過七美殉節的事蹟。因此筆者認為對於七美人的傳說,應當排除不必要的聯想或考證,單純的以傳說的角度來看待它即可。

　　澎湖另一則著名的地名的傳說為「山水」的地名由來:

> 很久很久以前,山水不叫做山水,它沒有名稱,只有一些養豬人家。
> 這一天,一戶養豬人家,帶著母豬和幾隻小豬在海邊散步。這時突然從海裡伸出八隻類似章魚的觸手,一下子就將小豬拖下海中。飼主一時嚇呆了,不知如何是好,而母豬救子心切,馬上就跳進海裡,與那怪物爭鬥。在爭鬥時,不時發出淒屬的叫聲,最後母豬與那怪物同歸於盡。後人為紀念這隻母豬,便將此地稱為「豬母落水」,後來又改為「豬母水」,至日據時代才改名為「山水」。〔註73〕

> 幾百年前的時候,有一隻母豬帶著一群小豬到海邊去玩。這時海邊出現了一隻大土婆(一種類似章魚的海底生物),牠把玩水的小豬捲下海中吃掉。一會兒,吃完了小豬還想吃母豬,就用觸腳吸住母豬,想把母豬拖下海中,可是因為母豬的力氣比較大,土婆反而被拖上岸。土婆一離開水,觸腳便粘住了沙子,無法再吸附東西,所以就被母豬帶回家去。主人看到母豬帶回這隻大土婆,才知道最近小豬時常不見的原因。所以就叫這個地方「豬母水」,後來覺得「豬母

翁安雄:〈從澎湖七美故事及地名談起〉,(《台灣風物》,民國八十八年九月,四十九卷三期),頁一一一。案:七美人至今仍認為「七美人」相當靈驗,並且說七美人樹的葉子不能亂摘,否則會肚子痛。

〔註72〕同註六十一。

〔註73〕同註一。頁八十四。

水」不好聽，便改名為「山水」。〔註74〕

這則傳說大致有二種結局，第一種是如第一則引文，母豬和土婆落水同歸於盡，第二種則是如第二則引文，土婆被母豬背上岸，成了人們的桌上佳餚，二種說法各有其支持者，但由最原始的地名「豬母落水」來判斷，第一種說法應是較接近事實的說法，第二種說法，大概是因為人們不喜歡悲劇的結局，而較後起的說法。另外，澎湖還有一則地名傳說，不似前二者那麼出名，但因是民間機智故事中常見的故事類型，故附之於後提供參考。

> 聽說澎湖以前都沒半根草、半棵樹，討海人從大陸、廈門那方面來
> 這裡捕魚，遇到颱風或事故回不去，才住在這裡。是咱們中國人先
> 住在這裡的。後來荷蘭人來了，他說他先佔，我說我先佔，雙方要
> 打仗，有人提出一個和平解決的方法，說要用智慧，讓有智慧的贏。
> 於是雙方比賽造城，中國人在這裡造個城，荷蘭人在那裡造個城，
> 先造好的人贏，不要打仗。中國人比較老實，所以就一擔土、一擔
> 土的在東北角造城；荷蘭人較聰明，將杉木條一枝一枝立起來，用
> 白布圍一圍，就做了一個紅毛城，紅毛蕃紅毛城啦！中國人是土人
> 土城啦！這裡就是土城，紅毛城在過去一點的地方，日據時代日本
> 人嫌紅毛城不好聽就改成紅木埕，現在叫朝陽里。〔註75〕

> 紅毛城就是現在的朝陽里，以前叫紅毛城。清朝時，荷蘭人跟葡萄
> 牙人兩國同時侵占澎湖，所以兩國就比賽建城，看三日之內誰先造
> 完一座城，先造完的就贏，輸的人就要從澎湖撤退。葡萄牙人從大
> 城北登陸，所以就在大城北用偷吃步（欺騙）的手段，用白布很快
> 的圍一圍，造了一座城。荷蘭人也從紅毛城登陸造城。因為荷蘭人
> 又叫紅毛番比較笨，所以就在紅毛城關帝廟的後面，用石頭一顆顆
> 慢慢的疊。結果，三日未到，荷蘭人看到大城北葡萄牙人的城時，
> 驚訝的說：「怎麼三日未到，他們城就已經建好了！而且外表還用油
> 漆漆的白白的，那麼漂亮！」所以荷蘭人認為他們輸了，於是就退
> 出澎湖。當年荷蘭人建的紅毛城，就是現在的朝陽。〔註76〕

最後一則地方傳說很有趣：

〔註74〕同註一。頁八十六。
〔註75〕同註六。頁九十三。
〔註76〕洪林繡麗女士於八十七年六月十四日蒞門講述，林辰諭採錄。未刊稿。

湖西鄉北寮村有一座奎壁山，因外形酷似烏龜而得名。村中的居民
都是靠捕魚為生，但由於經常發生意外，所以居民便向神明請示原
因。神明說這是西邊虎頭山的虎頭精在作怪，虎頭精因為肚子餓，
所以出來吃烏龜，烏龜就是奎壁山，所以村中的居民出海便容易出
意外。解決的方法就是準備其他的食物給虎頭精吃。所以當地百姓
就把北方的五座無名島取名為：小白沙（表白米）、屈爪（表雞爪）、
錠鉤（表黃金）、雞善（表雞肉）、鳥嶼（表鳥肉），把它們叫做「五
寶」，獻給虎頭精，希望藉著此舉，能讓虎頭精改吃五寶，不要再吃
奎壁山這隻烏龜，以保護大家的性命。果然，自從「獻五寶」之後，
當地再也沒出什麼意外了。〔註77〕

此則傳說由於是從北寮村的角度來敘述的，所以要獻五寶來保護村中的烏龜。
但在另一則採錄到的傳說，則從青螺村（虎頭山所在地）的角度來敘述，為
了讓本村的老虎吃個飽，所以獻出去的五寶，第一個就是一隻大烏龜（奎壁
山），然後才是雞善嶼（表雞）、鳥嶼（表鳥）、錠鉤（表元寶）、員貝（表錢）。
由此可知，傳說往往會隨著人地的不同而改變。

六、碑、塔、塚及其他地方傳說

澎湖有關碑、塔、塚的傳說較少，但都富有濃厚的神怪色彩及宗教意味，
如以下幾則：

馬公國中體育館那邊本來是個千人塚。日據時代，日本人第一次來
澎湖，因為不曉得澎湖的氣候特性，所以一登陸，沒幾個月，百分
之九十以上的士兵都死了。死的人那麼多，怎麼處理？就乾脆挖一
個很大很大的洞，把死去的士兵全部埋在那裡，所以叫千人塚。以
前只要晚上經過千人塚，就會看到那些死去的日本兵在操練：排長
騎在馬上喊口令，士兵就跟著口令喊：「殺！殺！殺！」這是真的，
很多人都有聽到或看到。〔註78〕

大倉島自好幾十年以來，人口就是無法超過一百人，假若今天有位
新生兒誕生，明天就會有一位老人過逝，因此，人口始終維持在九
十九位。後來，村中的長老就去請問金千歲：「為何村子的人口數量

〔註77〕同註一。頁九十三。
〔註78〕同註一。頁八十三。

為什麼會一直維持在這個數字？」金千歲回答說：「這是與你們村子的地理位置有關，才會有這種情形。」因為當時大倉有條步道一直延伸至馬公的重光里，每當漲潮時，這條步道都快超過水面，所以金千歲說：「如果要人口增加，這條步道一定得拆掉。」大倉的居民聽了以後，都感到不知所措，因為這條步道又長又高，要從何拆起？正當大家都不知如何是好的時候，金千歲又說：「這很簡單，只要你們在島上的東邊建一座石碑就可以了。」居民聽了就照著去做。當石碑做好那一天夜裡，整條步道突然完全被剷平了，從那時開始，大倉的人口就開始超過一百人了。〔註79〕

很久以前，日本人到澎湖時，軍艦就泊在風櫃後山這個地方，阿兵哥們就上岸遊玩，後來玩到了馬公城隍廟，因為日本人信仰與我們不同，所以見到廟內的神像，就把祂們的鬍鬚抓來玩，觸怒了神明。後來這些阿兵哥回到船上，無意中發現一隻小鳥停留在桅桿上，士兵們就拿起槍枝打小鳥，不料卻不小心打中船上的彈藥庫而發生了爆炸，船上所有的士兵皆因此而全數喪命。據說那隻小鳥是神明所幻化的來處罰士兵的。所以這個碑（風櫃蛇頭山「日本松島艦慰靈碑」）就是為了紀念當時喪生的士兵們所建造的。〔註80〕

澎湖人立碑建塔的原因，通常是由於地方不平靜，所以透過神明的指示，在某地設立碑塔，用以避邪鎮煞，作用有些類似石敢當。另外，七美有一座「鷹塔」的傳說，說的是一位受虐婦女的故事：

很久很久以前，在七美西湖村住著一戶人家，家裡只有三個人，哥哥常年出海捕魚，在家的時間非常少，所以平日只有他的妻子及妹妹兩人一起生活。嫂嫂是位溫柔賢淑的女子，而妹妹卻是個壞心腸的人，她對嫂嫂非常苛刻，每天給嫂嫂三斗米卻要她磨出六斗粉，這當然是不可能的事。但是嫂嫂因為深愛著丈夫，不願兄妹因她失和，所以只好暗地裡將嫁妝拿去變賣換米，以補充六斗粉的不足。

日子一天天的過去，嫂嫂的嫁妝終於全部變賣完了，嫂嫂再也沒辦

〔註79〕李仁猛先生於八十七年十一月二十一日湖西成功講述，劉淑玉、李美月、薛孟君採錄。未刊稿。

〔註80〕顏福木先生於八十七年十一月十一日馬公風櫃講述，陳惠娟、丁郁蓉、陳信孝採錄。未刊稿。

法去買米來補充這六斗粉的不足。這天，她把三斗粉交給小姑，小姑一見只有三斗便罵道：「從前妳三斗米能磨出六斗粉，為什麼現在只有這一點？一定是妳偷偷的拿去賣給別人！」說完，就拿起石磨朝她頭上擲去，可憐的嫂嫂不幸被石磨擊中，當場倒地死亡。

死後的嫂嫂變成一隻美麗的鷹鳥，由於生前受盡小姑的虐待，所以她一天到晚叫著：「惡姑！惡姑！」變成鳥的嫂嫂仍然很愛她的丈夫，所以每日都會飛到七美西北方海邊的一塊石頭上，看她的丈夫出海捕魚。而小姑將嫂嫂害死之後，心中十分愧疚，整個人的態度也完全變了，每天拿著東西到海邊餵食這隻鷹鳥。後來鷹鳥飛走後沒有再回來，人們便在鷹鳥休息的地方建了一座塔，上面塑了一隻鷹鳥，來紀念這位少婦。〔註81〕

這則故事是屬於是 AT 分類法中，編號七二〇＊「受虐小孩變成鳥」的類型，此類型為金師榮華根據《台東卑南族口傳文學選》、《台東大南村魯凱族口傳文學》、《台灣高屏地區魯凱族民間故事》三書中收錄的數則受虐兒女變成鳥的故事，所增補的類型。在台灣所見，此類型故事多發生在原住民族，故事結構為：一對小孩子（兄妹、姊妹、兄弟）因爸爸外出狩獵時，受到媽媽（繼母）的虐待，不給他們食物，因此他們就不願意回家，後來就變成鳥。這類受虐小孩變成鳥的情節，在中國少數民族，如水族、黎族、藏族都有流傳，菲律賓呂宋島、日本也有類似的故事。〔註82〕七美的這則故事，施虐的人改為小姑，受虐的人為嫂嫂，先生則因出海捕魚而不在家，應該是配合漢民族的親族關係及七美臨海的地理環境所形成的改變。澎湖的地方傳說，除了上述幾類有明確類別的傳說外，剩餘的傳說很雜亂，數量也僅在一、二則之間，故不再贅言。

七、結語

一般而言，地方傳說具有解釋性，人們每天面對生活中許許多多的事物如：山川、河流、井、溝、碑、石、塔、塚、寺廟……等，總不免會想到這個東西是怎麼出現在這裡的？為什麼有這麼個名稱？若是它們還有個奇特的

〔註81〕同註一。頁一一二。
〔註82〕許端容：《泰雅族口傳故事類型試探》，（海峽兩岸民間文學學術研討會論文，民國八十九年五月六日），頁一四九。

外形或與眾不同之處，就更容易引起人們的遐想，是不是有什麼特別的原因或事故，才造成它今天這種面貌。就在人們好奇的心理下，一個個為這些事物解釋的傳說便一一產生了。當然，這些傳說是不真實的，通常也是不科學，不理性的，而是創造、附會、想像出來的，所以同一處景物往往有不止一種的解釋傳說，就像四眼井的由來，有的說是媽祖的神轎造成的，有的說是鄭成功的佩劍造成的一樣。但這類傳說，通常是借用一種解釋性的故事，委婉曲折的表達出民眾的價值觀、倫理道德觀、審美觀、表達出他們對鄉土的熱愛、對自己生活的種種感受。所以七美人傳說的盛行，可以看出先民對此種「貞烈不屈」的精神是如何的稱揚；忠義洞傳說，則是對海盜暴行的血淚控訴；望夫石傳說，則是對堅貞愛情的歌頌；四眼井傳說，是對媽祖普救黎民的尊崇；黑水溝傳說則是對鄭成功反清復明義舉的贊同；鷹塔傳說，則是對善良受虐女子的同情⋯⋯。諸如此類的傳說不勝枚舉，唯有透過這些傳說加以一一尋繹，方可能更進一步了解我們的先民、我們的歷史、我們的文化。

第二節　風水傳說

一、澎湖出皇帝的傳說

　　在澎湖民間的說法中，澎湖是個有好風水但沒好福氣的地方，所以風水雖好，卻無福消受，反倒因為風水太好而招致外力的有意破壞，所以澎湖原來應該出一個皇帝的、七美應該出一個大人物的，卻都因風水被破壞的緣故，而始終未能出現。這個極有地方特色的傳說是這樣子的。

　　　　以前常聽老一輩的在講，說澎湖本來會出一位皇帝，因為那時澎湖
　　　　出現了一些奇異的地理現象：首先是西嶼的外垵，出了個「白馬穴」，
　　　　那裡有一整片白色的沙灘很漂亮，就像一匹奔馳的白馬；龍門，則
　　　　有一個自然生成的「聖旨牌」，和皇帝用的聖旨很像；外海有個「香
　　　　爐嶼」，上頭有三根石柱，遠遠望去，就像插著三支香的香爐；附近
　　　　還有個「筆架山」，像是皇帝放筆的；西嶼吼門那裡，還有個「西北
　　　　大道」，是一個非常淺的淺灘，一直向著大陸延伸過去，就像一條大
　　　　馬路直通北京城。所以，當皇帝需要的東西：聖旨、筆架、香爐、
　　　　白馬、大道，全都具備了。因此大家都說澎湖會出皇帝。

這時蔡進士已在京城當官,聽到這個傳聞,便向東南方的海上望去,
只見毫光萬丈,顯示東南方的確要出一位真命天子。蔡進士想:「澎
湖地瘠人貧,不過出我一個進士,便乾旱了十三年。若再出一個皇
帝,那還得了!」為了避免澎湖的百姓受苦,蔡進士就去請教別人,
看要如何是好。後來有人教他,每天一早,面向東南置一香案,祭
拜天地後,用硃砂筆朝東南方寫一個「卍」字,一段時日後,自然
會把風水破壞掉。蔡進士如法施行,澎湖的風水果然被破壞掉。所
以這些地理現象,現在都看不到了。〔註83〕

之所以會有「出皇帝」傳說的產生,應該是由於澎湖獨特的海島地形,澎湖
眾多的離島中,有的島嶼形似筆架、有的島嶼形似香爐、有的島嶼形似籤筒、
有的岩石形似聖旨、有的沙灘形似奔馳的白馬……,所有皇帝御用的器具既
然都一應俱全了,自然就只等它們的主人——真命天子的降世。對於這個傳
說,澎湖人有完全兩樣的態度:有的講述者很認真的說,澎湖的風水真的很
好,好到要出一個皇帝,只可惜澎湖這個地方福薄,支持不住一個皇帝。但
也有人用嗤之以鼻的態度說:「澎湖這種鳥不生蛋的地方,怎麼可能出什麼皇
帝!那些都是傳說,騙人的啦!」不管澎湖人對這個傳說的看法為何,澎湖
出皇帝的傳說,的的確確是存在的,而且還有許多不同的說法。上述的說法
是比較偏重在澎湖特殊的地理景觀上,有的則更進一步的說,真命天子的確
出世了,只是因為風水被破壞而夭折了。

澎湖本島某村,有一孕婦生下一個與眾大不相同的男嬰,不僅嘴裡
長滿牙齒,臉上有紅紅綠綠的花紋,而且下地後不哭,卻大模大樣
的走起路來。此嬰孩降生時,天際曾顯示預兆。遠在江西的蔡延蘭
也發現了這一預兆,那幾天,蔡延蘭每於黎明起身,遙望東方故鄉,
都見有一層神秘雲霧,由海面凌達天際,這種景象,表示將有貴人
降世。……他想,澎湖出了他一個小小進士就發生空前旱災,農村
歉收九多年,如果出一位天子的話,那還了得!為了防止更大的災
難,不能不加以破壞。於是,一天早晨,他於庭院擺設香案,穿戴
整齊,朝天跪拜一番,拿起朱紅筆,朝東方畫了個「×」,因此,那
男嬰夭折了,香爐嶼也從此不再起霧了。澎湖老百姓免了一次大災

〔註83〕姜佩君:《澎湖民間傳說》,(台北聖環出版社.民國八十六年六月),頁一八
七。

難，但也未再出過大人物。〔註84〕

（前略，蔡進士）對澎湖打「×」那段時間裡，剛好漁翁島有一對夫妻沒生孩子，好不容易生了一個男孩，鼻子卻長的很難看，而且生來就會跑會走。在還是嬰兒的時候，大陸有一個地理師很厲害，看到澎湖這邊，說：「哇，澎湖要出皇帝了！」就從大陸追過來，一直找到這對夫妻，但是已經太遲了，他的皇帝命格已經被蔡進士破了！而且因為這個孩子生來就會跑、會走，又生的很醜，青面獠牙，像妖怪一樣，所以家人就將他活埋了。這地理師找上門後就問：「你是不是有小孩？在那裡啊？」他們說：「有啊！但已經死了。」地理師不相信，夫妻就帶他去看，挖開墳墓一看，孩子的確死了，但是臉變得很漂亮，完全是一副帝王的相貌。地理師看了就說：「啊！可惜！這是皇帝啊！」從此，澎湖就沒出過皇帝了。〔註85〕

這二則故事，都提到皇帝真的出世了，但所言的出生地並不相同，在大部分的說法中，皇帝是要降生在龍門的，因為所有的獨特地理現象，幾乎都是環繞龍門四周產生的，而「龍門」之名，亦有鯉魚躍龍門之意，所以「澎湖出皇帝」更明確的說法是「龍門出皇帝」，比如說這則故事：

龍門村的外海有二個小島，一個叫筆架，一個叫簽筒。筆架是皇上放筆的地方；簽筒是放簽呈的地方，加上村名叫龍門，所以地方上便傳說，龍門將要出一個真命天子。後來這件事被一位天文官發現了，就去稟告皇帝。皇帝一面聽他報告，一面看著澎湖的地圖，然後就從筆架拿起筆，在地圖上筆架、簽筒的地方批下：「小小地方怎能出天子」九字。結果筆架及簽筒的山勢本來是比現在的高，被批了這九字以後，就向下沉了三尺。所以龍門村就出不成天子，後來倒是出了很多戲子，只有在演歌仔戲的時候，龍門人才能當皇帝。

〔註86〕

有的「龍門出皇帝」傳說，結合了 AT 五九二「早發的魔箭」的故事類型，成為這樣的一個傳說：

澎湖本來要出一個皇帝的，但他沒有成功。他為什麼沒有成功呢？

〔註84〕陳豪：《憶澎湖》，（自印本·民國六十七年元月），頁一〇〇。
〔註85〕蔡樹木先生於八十六年一月二十三日興仁講述。賴盈秀等採錄。未刊稿。
〔註86〕同註一。頁一九二。

這是有原因的。大概是明朝的時候，龍門有一個孩子，出生後都不講話，一直到十六歲才開口。他對他的嫂嫂說：「明天早上第三次雞叫的時候，妳要叫我起床。」他的嫂嫂見他會講話，很高興，心想：「我這個小叔從來都不講話的，現在忽然講話了，不曉得要我叫他起床做什麼？」於是夜裡就一直去摸那隻雞，讓雞趕快叫。那隻雞本來三點才叫第一次的，這樣在十二點就叫了；第二次本來四點才叫，變成兩點就叫；第三次是五點才叫，但是她在三點就讓雞叫了。這人聽到第三次雞叫，就起來拿起準備好的弓箭，往北京那裡射，他那個弓箭是可以從澎湖射到北京的。一射呢，太早了，還不是上朝的時候，皇帝沒有坐在龍椅上，箭射在椅背。五更時，皇帝到殿上看到椅背上的箭，問文武大臣：「這枝箭是什麼地方射過來的？」大家都不知道。拔出箭來看，上面有字，寫著「澎湖龍門」，於是就派兵來澎湖捉人。這人假如射死了皇帝，便會去北京作皇帝，現在知道沒射死皇帝，皇帝已經派兵來了，就跟他嫂嫂說：「快炒黑芝麻！要給我炒三籮筐！那個豆，也要替我炒三籮筐！」豆炒起來在鍋裡比較不會跳；芝麻太小了，小小的在鍋裡炒的時候一直跳、一直跳，他的嫂嫂就把鹽巴撒下去，使它比較不會跳。後來，兵打過來了，他便撒豆成兵去抵抗。豆撒完後，祇剩下芝麻，他又撒麻成兵。一個小芝麻就是一個兵，芝麻那麼小，一巴掌抓起來，你看那個兵有多少！可是那些芝麻都沒有作用了，因為被下過鹽巴了啊！結果他被抓去北京殺掉。明朝皇帝說：「雖然這個人死了，但是澎湖可能還會出另一個皇帝。」就專門派地理師到澎湖把風水破掉，所以澎湖很多的風水都被破壞了。〔註87〕

龍門出了一位可以作皇帝的人，到十六歲還不會說話，一天，北京的皇帝氣數差不多了，可換這個人當皇帝了，就有一個大仙下山指點他，要他做三支金箭。這時他會說話了，但是嫂嫂問他做金箭幹什麼，他祇是搖手，不回答。一直到金箭做好，才開口跟她說，箭是用來射皇帝的，要嫂嫂五更叫他。嫂嫂看他開口說話很高興，一高興，雞才啼，三更就叫他了。那時候沒有時鐘，他一起來，就把

〔註87〕金榮華：《澎湖縣民間故事》，（台北中國口傳文學學會・民國八十九年十月），頁一六一。

箭射出去，可是那時皇帝還在睡覺，還沒上殿坐在位子上，所以沒射到。

箭上是都寫了名字的，寫「龍門港某某人」，這樣射死了皇帝，大家才知道到那裡接新皇帝。三支都沒射到皇帝，皇帝看了箭上的名字，就派兵來捉他。大仙事先說過：「龍門這個地理可以出真主，但太薄。要是箭沒射中皇帝，皇帝會出兵殺你，你沒兵怎辦？」因此又教他撒豆成兵的法術，要他炒一斗豆子，一斗芝麻，豆是將，麻是兵，在鍋中炒的時候要數有幾粒。他嫂嫂替他炒的時候，開始是在數的，可是鍋一熱，芝麻會跳，嫂嫂就數亂了，也不好炒，於是他嫂嫂就放些鹽下去，讓芝麻不會跳。這樣法術就失靈了，結果他被綁去大陸斬。後來，朝近派占卜官來澎湖破風水。澎湖有好風水，但沒好福氣，一個皇帝沒出成，害得澎湖其他好風水被連帶破壞掉。〔註88〕

這二個傳說的前半部，都是屬於 AT 五九二「早發的魔箭」的故事類型，〔註89〕後半段則是民間撒豆成兵的傳說。這個類型的故事，台灣地區一般是附會在「林道乾」的身上，在金門也有附會在宋朝的末代皇帝「帝昺」的身上。〔註90〕林道乾原是明朝嘉靖年間的海盜，作亂於浙江、廣東、福建一帶，根據高拱乾《台灣府志》的記載：

> 嘉靖四十二年（西元一五六三年），海寇林道乾進入台灣，都督俞大猷追至，築營圍剿，道乾戰敗，艤舟打鼓山下（今高雄壽山），掠山下土蕃殺之，取其血和灰以固舟，埋金打鼓山下，航遁附倭，餘蕃走阿猴林社（今屏東）。〔註91〕

傳說他由於得到神仙之助，得到三枝神箭，只要在某日某時用這三枝神箭向北京射去，即可射死坐在龍椅上的皇帝，登基為王，然而卻因為妹妹弄錯了時辰，以致事件功敗垂成，不久敵軍前來圍攻他，妹妹以死謝罪，林道乾遂

〔註88〕同前註。頁一六四。

〔註89〕這型的故事是說：神仙或巫師協助一位英雄抵抗皇帝，給他一枝奇箭，叫他在一定的時間向皇宮的方向射去。可是由於一些意外的原因，他比預定的時間早了一些射出，而那時皇帝還沒有在龍椅上坐下，因此那枝箭只是射在椅子靠背上。（金榮華：《中國民間故事集成類型索引》，中國口傳文學學會·民國八十九年元月，頁四十二。）

〔註90〕唐蕙韻：《金門民間傳說》，（台北稻田出版社·民國八十五年十二月），頁一一五。

〔註91〕高拱乾：《台灣府志》，（台灣銀行經濟研究室·民國四十九年三月），頁十二。

將十八籃金與妹妹合葬於打狗山（今高雄壽山），自已則拔劍祝禱天地，把打
狗山一劈為二，由裂開的水中逃出。林道乾逃至呂宋島鑽研鑄銃，並以身試
銃而亡。妹妹的魂魄則留在打狗山上為其兄守護十八籃金，並送出半籃金於
一名樵夫或一名小女孩。〔註 92〕這則在台灣流傳很廣的傳說，據劉守華先生
的研究認為，此類型故事乃是：

> 一個中國所特有，主要流行於楚地的故事，……是一個關於天子夢
> 的傳說，……還沒有發現它在別的地方流傳，……早發的神箭由五
> 個情節單元構成：「取代皇帝」是動因，「神弓神箭」、「竹人竹馬」
> 是手段、「提前發射」、「失敗被害」是結果。〔註93〕

由大陸收集的資料來看，這型故事的發生背景通常是在明朝年間，大部份是
西南地區少數民族所流傳，如苗族、土家族、侗族、壯族、瑤族及僚佬族等，
主角起來謀殺皇帝的動機，是由於皇帝惡勢力的壓迫，已危及到家園或族人
的安危，而不得不起來造反的。但在澎湖及台灣所見，主角並沒有外在的壓
力或迫害，使得主角非得起來反抗皇帝不可，有的只是渺不可知的風水因素，
〔註 94〕使得主角成為真命天子，再加上神仙之助，賜予他三支魔箭，於是他
便起來謀殺皇帝。台澎二地的說法，主角已經完全無反抗惡勢力的精神，有
的只是民間通俗的「宿命觀」、「風水觀」。這是由於流傳地區不同，所造成的
結果，但從情感上來說，台灣的林道乾傳說，只是少了個海盜，卻留給了人
們尋金的美夢，但澎湖的傳說，死的卻是真命天子——澎湖人民希望的所在，
真是令人同情。

另外，在有關「龍門出皇帝」的故事中，有幾則都語焉不詳的提到一個
奇怪的說法：如果龍門出皇帝的話，將會「沈東京，浮福建」，但內容都說的
很凌亂，大意如下：

> 以前我爸爸說，澎湖這裡本來要浮一座連接台灣的山。因為在龍門
> 那裡，有籤筒、筆架、香爐（案：皆島嶼名），而且龍門正好是澎湖
> 的中心點，所以龍門那裡本來是要出一個皇帝的，不過因為這座山

〔註 92〕蔡蕙如：《林道乾傳說中「早發神箭」母題的探討》（台灣民間文學學術研討
會論文，民國八十七年三月七日）
〔註93〕節錄至劉守華：《比較故事學》，（上海文藝出版社·一九九五年九月），頁二
七○～二七二。
〔註94〕傳說一位道士幫林道乾死去的父親看得一處龍穴，可以庇蔭他成為天子，而
他本身又具有帝王的面相。

沒有浮出來，所以出不成皇帝。那座山要是浮起來，就會連接台灣澎湖二地，整個地方就會比大陸大，可惜這個地理被一個唐山來的地理師破壞了。這個地理師很厲害，生來就是來敗澎湖這個地理的，他說：「這個小小的澎湖，也配出皇帝、聖旨。」所以就破壞了這裡的風水。可是他沒有算到，澎湖會有這座山會浮起來，這座山若浮起來，就會把台灣和澎湖連接起來，形成一片很大的陸地，澎湖不會再是小小的澎湖了，這就是「沈東京、浮福建」。因為台灣和澎湖人都算是福建人，中間會有山浮起來。東京在東邊，會有山沈下去。現在中午水清的時候，在虎井那邊可以看見一座城，就是沈下去的山。所以這就是地理啊！福建浮起來，東京沈下去。〔註95〕

大概是清朝道光皇帝的時候，那時龍門港有千餘人，因為龍門出聖旨牌、監斬官、監斬台。那時北京是戰亂時期，而皇后有了太子，所以皇后就到澎湖來避禍。那時聖旨嘴就說：「要沈東京，浮福建」。「沈東京」是說以前澎湖西南一直到香港這一帶都是浮的（案：有陸地浮出來），後來因為皇后懷著太子來避難，這裡的土地不夠厚，支持不住真命天子，所以就沈下去了。現在虎井那裡不是有城沈下去嗎？就是這個緣故。〔註96〕

根據這二則故事的說法，所謂的「東京」指的不是現在日本的首都東京，而是指位於今澎湖虎井一帶的一座海上大城，因為它位於大陸的東方，所以稱之為「東京」。這座海上大城，後來不知因為什麼原因下沈了，而成為澎湖民間傳說中的「虎井沈城」。據說這座城下沈之後，只要能「浮福建」——浮一個連接台灣和澎湖的大山，龍門就會出皇帝。在金門也有「沈東京，浮福建」的傳說，但金門傳說中所謂的「東京」、「福建」，卻正好與澎湖的相反，這個故事是這麼說的：

福建人有一句話說：「皇帝娘也會陰外家，要『浮福建，沈東京』。」是教女孩家說，妳就是作了皇帝娘，也還要陰著外家。那有個故事是這樣說的：

〔註95〕莊決先生於八十六年七月二十六日馬公東衛講述。陳勁榛、鄭慈宏、陳蕙如採錄。未刊稿。

〔註96〕許程聰先生於八十六年七月二十六日馬公市講述，陳勁榛、姜佩君採錄。未刊稿。

　　澎湖與台灣本來是相連的，澎湖溝是在某一次地震之後，澎湖與台
灣被撕開來，才有那澎湖溝的。那時將要地動時，朝廷有些會算的，
像是劉伯溫這些人，看星相不同了，彈指算算，說：「喔，福建要地
動了，一定有某一處地方會發生問題！」他想要測測天機，就來問
這皇帝娘說：「福建就要地動了，妳說要怎麼辦？」這皇帝娘是咱福
建人，她聽聽，就說：「浮福建，沈東京。」東京是台灣與澎湖間相
夾的一個島，和台灣及澎湖都有相連。這皇帝娘心裡蔭著尾省的外
家，順嘴就這樣講出來。她這句話一出口，馬上就發生地震了，東
京沈落海去，澎湖和台灣就撕開了。那東京島上原有一個鄉里，這
一裂開就沈落了。到現在，有出海到那邊捕魚的，還常常有人會網
著厝瓦或牽到骨董，就是因為那海底還有一個鄉里的人家。〔註97〕

在這個故事中，金門人口中下沈的「東京」，正是澎湖人民期盼它浮上來的「福
建」，二地的說法正好矛盾。但從二地的地緣關係來看，早期的澎湖移民大多
是從金門移入的，所以在許多傳說中，二地的說法都是一致的，但唯獨這個
說法卻是互相矛盾。不過因目前所見資料甚少，一時也難以下斷言，但筆者
認為這個說法有深究的價值，故暫時臚列於此，以留待未來。

　　當澎湖本島盛傳著澎湖即將出皇帝的同時，西嶼、七美二座離島，也流
傳著當地即將出一位「大人物」的傳說：

西嶼的內垵及外垵一帶，有一大片金黃色的沙灘，從遠處望過來，
像一匹奔馳的白馬，所以大家都認為這裡是個好風水，會出大人物。
後來從大陸來了一個地理師，他看了內外垵的地形，發現這是一個
白馬穴，便寫了一些符咒，用紅布包著埋進穴中，結果這個穴就被
破壞了。事後大家在傳說，這個地理師是皇帝派來的，因為皇帝怕
這裡以後會出一位威脅他帝位的人，所以就派人先把這個風水破壞
掉。〔註98〕

七美島的地形很像一隻老鷹，風水非常的好，傳說這裡會出現一位
安邦定國的大人物。可是皇帝聽到這個傳聞後，卻怕此人未來會謀
奪江山，所以便派了一個地理師來七美破壞風水。地理師來了之後，
便四處尋找風水，最後他發現七美的靈氣都集中在頂隙，於是就用

〔註97〕同註九十。頁一二四。
〔註98〕同註一。頁一九一。

御賜的硃砂筆把頂隙的風水破壞了。因此傳說的大人物不僅沒有出

現，而且七美的地理也完全被改變了。〔註99〕

為什麼這二座島嶼不是出皇帝而是大人物呢？這應當與這二島的地理位置有
關。一般人所謂的「澎湖」大都是指「澎湖本島」：它人才輩出，是政治、經
濟、交通的中心。而七美、望安、西嶼等島，則被視為本島的附屬島嶼：無
傑出人才、物資亦不豐富，一切所有均仰賴本島的供給。相形之下，這些離
島的地位自然不是那麼重要，是比本島低一級的。所以澎湖本島出皇帝是理
所當然的，而離島呢？自然只能矮一截的出大人物。但無論是皇帝或是大人
物，終究只是島民們的一場幻夢。

澎湖之所以會有「出皇帝」的傳說，除了由於島上擁有獨特的地理景觀
外，可能還由於島民的心理補償作用。在這天然環境艱困、一無所有的孤島，
唯一擁有的就是這些美麗的海灘、奇形怪狀的岩石、獨特的島嶼，在配合它
們的外形、賦予它們名稱及聯想之後，一則則美麗的傳說遂逐漸產生：「澎湖
有好風水，澎湖會出皇帝。」藉著這些風水來誇耀世人，澎湖並不是一無所
有，澎湖有好山好水，澎湖會出皇帝。這或許是出於島民的自卑心理，希望
藉著「出皇帝」來解決他們本身的困境及彌補他們所欠缺的，但也可能是一
種期望，期望未來的子孫能成龍、成鳳、做大人物，為澎湖創造一個美麗的
未來。古老的傳說流傳至今，雖然皇帝始終未能出現，但在這民主的時代，
或許未來澎湖會出現一位總統也未可知呢？

二、白鶴穴的傳說

（一）西溪、望安、七美、的傳說

以下幾則傳說，主要是講地理師幫主人看了好風水（白鶴穴或七鶴穴）
後，認為自己受到主人的虧待，因此又設計破壞了風水，導致墓中的白鶴，
飛出墓穴的風水故事。

以前西溪村有一個員外，很有錢，他找了一個地理師幫他父母看風
水。但這個地理師知道，如果幫員外看到好風水後，自己一定會失
明，於是跟員外講說：「我幫你看好風水後，你一定要善待我。」員
外一口答應。風水師就替員外看了太武山下的一塊好風水，員外就

〔註99〕同註一。頁一九三。

把他父母葬在那裡，後來員外家果然如地理師說的，事業飛躍騰達。但是地理師的眼睛真的也瞎掉了，員外就把地理師帶到家裡照顧，很善待他。

有一天員外的一隻羊，摔到糞坑裡去。因為古時候只有大祭典才有殺豬宰羊，殺羊是不簡單的，所以員外就說把羊殺了吃，員外也送了一碗給地理師吃，這本來是好意，但送肉的長工說：「這羊是摔到廁所裡面去，反正也快死掉了，殺了吃，沒關係呀！別客氣。」地理師心想，怎麼用摔到糞坑的羊給我吃？為了報復，第二天地理師就去找員外，告訴他說：「我幫你看的那塊地，起了變化，要趕快把墳邊移。」員外說：「怎麼會起變化呢？」地理師要員外趴在墳上聽墓穴的聲音就知道了。隔天員外果然就去趴在墳上聽，一聽「啊！裡面真的有奇怪的聲音。」其實這些聲音是因為這個墳是好風水，所以裡面有七隻白鶴在裡面洗澡，發出淅哩嘩啦的聲音，但員外以為風水真的起了變化，所以就馬上找人把這個墳打開，結果七隻白鶴就從墓裡飛出來。員外一看被騙了，急急忙忙去抓白鶴，這一抓，其中一隻白鶴的腳就被他弄斷了。而地理師趁著一片混亂的時候，用白鶴洗澡的水，擦了眼睛，眼睛馬上就復明了，然後就趕快逃跑。從此員外的後代都有一個人是跛腳。〔註100〕

以前，我們這邊的帆船都到大陸通商，其中有一戶大戶人家姓許，他想所謂「富不過三代」，我現在有錢，後代不一定有錢。為了讓後代子孫也很有錢，他從大陸請來一個很有名的地理師看風水。地理師在望安到處看風水，最後看到一個「九鶴穴」。這個穴祇要葬下去，就會連續出九個狀元。許家員外一聽很高興，就決定把祖先改葬到「九鶴穴」中。當所有的事都準備好時，地理師對員外說：「這個穴是有緣人才可以得到的，祇要一葬下去，你們家過幾年就會出狀元。可是，現在我把它說破了，不久我的眼睛就會瞎掉，所以我要留在這裡讓你養一輩子。」員外心想：「你一個人能吃多少？養你一個，讓我的兒子都當狀元，有什麼不好？」就答應了。改葬的時間到了，土公仔就按尺寸、羅盤，把祖先葬下去。葬下去沒多久，這個地理

師的眼睛果然瞎了。員外信守諾言，對他很好，單獨給他一個房間，還有婢女端飯菜到房裡給他吃，因為他眼瞎不能同桌吃飯。但是時間一久，員外就開始不耐煩了：「吃了那麼多年，狀元怎麼還沒出現？」於是給地理師吃的東西就越來越不好，地理師也感覺到員外對他的態度不一樣了。

有一天，員外的羊掉到糞坑淹死了。員外想：「丟了可惜。」就叫佣人洗一洗、剁一剁，煮給地理師吃。地理師知道有肉吃很高興，不料端肉給他的佣人告訴他：「這是掉到糞坑淹死的羊，員外覺得丟了可惜，才煮給你吃的。」地理師一聽心都碎了。這時他已算知狀元快要出現，便跟員外說：「為什麼你家的狀元這麼久還沒出現？因為當初你們蓋棺的時候，棺材裡有一件東西沒拿出來，壓住了，狀元無法衝出來。現在我重新幫你選個日子，開棺把東西拿出來，狀元馬上出現。」員外聽了，馬上去安排一切。開棺時間到了，地理師把棺蓋一掀起來，馬上有九隻鶴從棺材裡飛出來。地理師跟員外說：「我給你選的穴有九隻白鶴，表示你家會出九個狀元。你雖然答應供養我一輩子，但祇拿粗茶淡飯給我吃。這不要緊，可是竟還拿掉進糞坑的羊給我吃，所以現在我要破壞你的風水，讓九個狀元飛走！」員外一聽，馬上要所有的家丁去追白鶴，結果祇抓到一隻白鶴。員外趕快把鶴放回棺中蓋住。但不小心把它的腳弄斷了，所以後來他們家雖然出了一個狀元，卻是個跛腳，是一出生就跛的。〔註101〕

有一個有錢人，希望得到一個好風水葬祖先，讓後代能發財或當大官，因此很誠意地去請一個很有名氣的地理師替他看風水。這個地理師對他說：「如果我幫你找到這樣的一個好風水，我會兩眼失明，這一輩子就不能再幫別人看風水了！」有錢人說：「先生，你幫我看吧！如果眼睛瞎了，我一定照顧你一輩子。」經不住有錢人的再三請求，地理師終於答應了。地理師替有錢人找到一個好風水後，眼睛真的瞎了。有錢人信守諾言，把地理師接回家住。他對地理師說：「從今天以後，你吃的、住的，都和我一樣。」就這樣過了好幾年，他們的關係一直維持得很好。

〔註101〕同註八十七。頁一三八。

有一天，有錢人家中養的一隻羊掉到糞坑淹死了，主人捨不得把羊丟掉，叫僕人把羊撈起來洗一洗煮來吃。後來，地理師無意中從僕人的口中知道他吃的羊是從糞坑中撈起來的，非常不高興，認為主人對他不尊敬，覺得自己吃了大虧，因此決定不讓這個主人過得太好。於是他對主人說：「原來葬的這個穴有一點問題，要打開看一看。」主人以為是真的，就看了一個日子請幾個人把墓挖開，沒想到剛挖開，就從穴裡飛出七隻鶴。大家看到了都伸手去抓，結果祇抓到一隻跛腳的放回去。後來這一家的後代出了一個跛腳進士，據說就是這隻鶴變成的。〔註102〕

這三則故事幾乎是相同的，但除了第二則，員外的確是蓄意虧待地理師外，第一則故事裡，員外始終是誠心誠意的對待地理師，只可惜送羊肉的長工，說話口氣不對，造成地理師的誤解，致使員外家的風水被破壞，代代出一位跛腳子孫。至於第三則故事，講述者在講完故事後又補充說：「這是一個讓人誤會而得罪人的故事。」似乎是說主人捨不得把死羊丟掉，所以把羊洗乾淨了再大家一起吃，並不是祇給地理師一個人吃。但地理師則誤會主人欺他眼盲才給他吃，這是不尊敬他的行為，所以才破壞好風水。所幸的是，這位有錢人到底還是出了一個「跛腳狀元」，比之西溪員外的代代出跛腳子孫幸運許多。

（二）竹灣的白鶴穴

　　這則故事講述者在不同的時地說了二次，詳略不同、內容也有出入，此處採用的第一次的說法。〔註103〕

〔註102〕同註八十七。頁一三八。

〔註103〕第二次的說法如下：相傳竹篙灣村有戶人家嫁女兒到合界村的有錢人家，後來女兒因為重病而往生，她的夫家決定把她的屍體葬在合界村里，但是葬下去之後，夫家的家裡都開始生病，此時就請來一位大陸的地理師，這位地理師一看到這個墓「啊！」一聲說：「這個墓有問題，若沒有把墳墓邊走的話，將來夫家就會出事。」後來夫家就聽了大陸地理師的話，果真把墳墓給移走了，就在邊墳的當時，突然從墳墓中飛出了七隻鶴，夫家見狀馬上蓋上棺木，可惜已經飛走了六隻鶴，在棺材中的最後一隻鶴被壓到腳了，而那七隻鶴是表示夫家將會出現七位大官，但是後來只有一位且是跛腳的大官。事實上，是不應該把墳墓邊走的，因為大陸地理師看到這個風水特別好，而起了歹念，就在他回大陸途中時，遇到狂風暴雨將船給打沉了，地理師也死於非命。（蔡宗正先生於八十七年十二月十日竹灣講述，陳振義、陳家駿、陳聖杰、張炳耀採錄，未刊稿。）

「白鶴穴」在我們竹灣這裡，但是被隔壁合界村的人葬走了。那是竹灣人嫁女兒嫁到隔壁合界村，把那塊地當嫁妝陪嫁，所以那塊地變成是他們的。後來那邊的父母死了，就葬在那塊地，結果剛好葬在白鶴穴那裡，不過當初大家都不知道那是「白鶴穴」。「白鶴穴」的風水在走時，葬在裡面的人會換骨頭。因為我們是平民百姓，如果要做官、要有發展，下葬的那一代就要「換骨」。在換骨時，家裡會有人生病、事業不順利，這是因為穴的裡面在變化。如果不去破壞它，家運就會漸漸變好。可是那家請了一個大陸的地理師來，問他：「我們家裡不平安，是不是因為墓的關係？」地理師一看，說：「是，沒錯，是因為墓的關係。這個墓要挖開撿骨，不然你們會有災難。」其實，這是地理師的壞心眼。如果他不說要撿骨，就不會有問題。結果墓一開，裡面有七隻白鶴衝出來飛走了。也就是那個地的靈氣和福氣都走了，這個穴被破壞了。本來說這個穴會使後代出七個能人，但後來祇出了一個比較能幹的，而且還是個跛腳。至於那個地理師，則在回唐山時落海死了，因為做了缺德的事啊！

〔註104〕

採錄時，講述人明確的告訴我們，這故事就發生在他們這個村莊，講完後還帶我們出去，指著對面的山說：「白鶴穴就在那裡。」並解強調這裡老一輩的人，大都知道這件事。這個故事和前述的白鶴穴傳說不大一樣，墓主似乎是無意中葬入白鶴穴的，所以對日後家中所產生的種種變化，顯得驚慌失措，因此才引狼入室的請了一個壞心的地理師為他們家看風水。不過這則故事引人注意的是，前述的白鶴穴傳說，對飛出墓中的七隻白鶴是怎樣來的？墓主的後代會如何的出狀元？並未加以說明，一切似乎只因風水好，所以便自然而然的發生了，但這則故事卻提出一個新奇的說法。

原來平民百姓的屍骨葬在白鶴穴中，若想庇蔭後代子孫，骨骸得先經過「換骨」的過程才成。經過「脫胎換骨」後，才算是得到這個穴的風水，才能庇佑子孫。同時，下葬後，白鶴才開始在墓穴中生成，需等牠「長大成鶴」、眼睛開了之後，穴才能發揮作用。在這些步驟還未完成前，白鶴穴不僅不能庇佑子孫，而且還會讓他們諸事不順。這個白鶴穴要「發」之前，似乎得像革命一樣，必須先破壞一番才能有所「建設」。

〔註104〕同註八十七。頁一三三。

（三）五德南塭仔的傳說

　　就筆者所見，這是一則比較奇特的白鶴穴傳說，因原文甚長，茲先節錄大意於後：

> 雞母塢（今五德里）村前的海灣有一個礁島，俗稱南塭仔。傳說南塭礁上曾有七隻神鶴在那裡棲息，牠們經常展翼飛翔於天空。人們因為有這樣一個完美的靈穴而感到自豪，認為總有一天自己的子子孫孫能夠出人頭地、光宗耀祖。
>
> 後來一位地理師受委託尋找能庇佑後代的好穴，無意中發現南塭礁這個靈穴，於是便起了私心，趁夜將自己祖先的遺骸葬在南塭礁的最高點。據說這地理師的後代真的做了大官飛黃騰達起來。然而自從南塭礁被埋了這個遺骸後，雞不鳴、狗不吠，整個村莊雞犬不寧、人心惶惶的，最後驚動了村廟的神明。神明指示信徒務須將南塭礁的墓地挖出移葬別處，才能保護村民的安寧，否則後果將不堪設想。
>
> 村民遵照神明的指示，將那墓挖起。但此時卻從墓穴中飛出了七隻白鶴，展翅飛翔而去。白鶴飛走後，雞母塢雖然安寧多了，可是從此這裡再也沒有發現白鶴的蹤影。而且以後不管是旅居台灣本島或是居住本地的人，都沒有顯著的發跡情形，據說這是因為靈穴已經被破壞，變成一個死穴的緣故。〔註105〕

此說雖亦出現七隻白鶴，但和前述的白鶴穴傳說大有不同，筆者以為乃是由於敘事的角度、對象不同的緣故。一般的白鶴穴傳說是由個人或家族的觀點來敘述的，所以故事中的情節是：「尋找靈穴」、「承諾照顧地理師」、「虧待地理師」、「地理師破壞風水」、「出跛腳狀元」……等個人的恩怨情仇。但此說的敘事觀點是從整個村莊來說，所以上述諸事便蛻變為「半夜偷葬」、「全村雞不鳴、狗不吠」、「當地子孫沒有發跡」等事件，將個人的榮辱恩怨，轉化成整個村落的興衰發展，二者其實是有著異曲同工之妙的。〔註106〕

〔註105〕薛明卿：《澎湖搜奇·南塭仔傳奇》，（澎湖縣立文化中心·民國八十五年六月），頁一一三。

〔註106〕以上有關「白鶴穴」的傳說，亦請參考姜佩君：〈澎湖的七鶴穴傳說〉，（澎湖《硓𥑮石》十五期，民國八十八年六月），頁四十五。

三、其他風水傳說

在「白鶴穴」及「澎湖出皇帝」之外，其他的風水傳說約有二十則。這二十則傳說的大要，一言以蔽之：「因風水而興盛，因風水而敗亡」，只是這興敗之間，小則影響個人、家庭，大則影響整個國家、鄉里，實在不可不慎。以下這二則故事便是很好的證明：

> 從前東衛有一座塔，叫「火燒爛」；西衛南邊港口也有一座塔，叫「浸水基」。當時，東衛這邊生孩子都是生男孩子；而西衛卻都是生女孩子，而且長大後，全被西衛人娶走。所以後來西衛的神明便指示村民，要趕快移動塔的位置，否則西衛以後會「廢耕」。因為沒有男人可以下田，女人又全部被娶走。於是西衛人便在北邊的「鼻仔頭」蓋了另一座塔，來破壞東衛那座塔的威力。從此二個地方才又恢復了有男也有女的現況。〔註107〕

> 圓貝為澎湖的離島之一，島上有兩個很大很奇特的岩石，其中一塊是扁平狀的，看起來就像是硯台，另一個在硯台旁邊，是柱狀的，看起來就像隻筆。整體看起來就像是桌上擺放著硯台和筆。後來清朝時，有艘船在澎湖發生了船難，其中一位老人過世了，就葬在圓貝的這張文桌的附近。後來這位長輩的子孫不是中狀元就是進士，連續好幾代，子孫個個事業有成，所以就打算把葬在圓貝的祖先遷回家鄉，但是這墓一遷回大陸之後，整個家族的家道就中落了，不再出一些大官或文人。所以大家都傳說那位老人葬的位置，正好像一個人坐在桌子旁邊，桌子上有硯台、有筆，就像一位官老爺坐的位置一樣，是個可以庇蔭子孫的好地理。〔註108〕

風水會影響人，筆者是相信的，但若只憑著好風水而不栽培子孫、不讓子孫上學識字，就真能出大官、文人嗎？而且由於風水之故，竟然讓全村的婦女皆生不出男孩，而造村「廢耕」的結果，實在是很難令人相信。而更令人難以置信的是這個傳說：

> 從前有個孝子，帶著父親的骨灰由台灣乘船回故鄉，同行的，還有一位特地聘來的地理師。船坐到一半的時後，地理師忽然對孝子說：

〔註107〕同註一。頁一九七。

〔註108〕方英福先生於八十八年十二月三日馬公市東文里講述，方玉真、葉勇成採錄。未刊稿。

　　「海中有一個好穴，你趕快把把父親的骨灰丟下去。」孝子說：「我不忍心把父親的骨灰丟入海中。」地理師說：「這的確是個好穴，我證明給你看。」便要孝子拿一個碗丟進海裡。不久他們的船靠了岸，地理師便帶孝子到某個地方，到了那裡一看，在海上丟的碗竟然跑到這裡來了。這時地理師才告訴孝子：「這是海上的穴跑到陸上來了，所以你不要怕你父親的屍骨會泡在海裡。」所以孝子便按地理師的吩咐，把父親下葬，從此子子孫孫都過的很好。〔註109〕

海上的穴會跑到陸地上來實在太神奇了。為什麼會如此？另一則傳說對提出了說明：

　　幾年後的一天，他的叔叔對他說：「你都幫別人看好風水，什麼時候也看看自己祖先的風水吧！」泥水匠在家族中是晚輩，他認為家中的長輩不可能相信他的話，他說：「我看算了！你們不可能聽我的話的，大家平安就好了。」過了一陣子，他的叔叔又來請求他，於是他就請叔叔派人把祖先的骨頭全部集中在一個甕裏，再雇一艘船準備出海。他的叔叔覺得很奇怪，但還是照做了，泥水匠的心裏已經有了主意。他告訴他的叔叔到了海中，只要聽到他說丟，就把骨頭丟進海中。但是時辰到了，他的叔叔卻不肯丟，船繞了三次他的叔叔都沒丟，第三次時，他沒辦法只得生氣的隨手把杓子丟到海裏。一群人抱著祖先的骨頭回到岸上，再另外找一個不錯的地方埋葬。

　　過了三年，泥水匠算一算時間差不多了，就約他的叔叔到一座山去挖，沒想到挖開後裏面竟然是他三年前在海中丟的杓子，他告訴叔叔這是龍穴，當初丟杓子的地方是龍口，東西從龍口丟下去後，會跑到龍腹，如果祖先的骨頭能葬在這裏，後代會發達的不得了。他的叔叔後悔的問他當初為什麼不說明白，泥水匠說這是天機，如果洩露了就沒用了。他的叔叔非常後悔，想改葬到這裏，他說：「龍腹挖破了，已經是一個死穴，再葬也沒有用。」他的叔叔只得帶著後悔過一輩子。〔註110〕

原來這種特殊的好穴，需由海中的龍口葬入才成，而葬入之後，骨灰便會自然的移到陸上的龍穴中發生作用。風水雖然重要，但是選擇良好的下葬時機

〔註109〕同註一。頁二○四。
〔註110〕同註八十七。頁一八二。

也是不可或缺的，不然可能會像這個故事的主人一樣——代代出臭頭。

　　馬公港的外面有一座小島叫雞籠嶼，雞籠嶼的風水很好。傳說清朝
的時候，有一位風水師將他祖先的骨灰葬於此，結果後代子孫代代
出狀元。發達後，子孫認為每次掃墓都要從大陸坐船回來，實在相
當不方便，所以便將祖先遷葬回大陸。這時，風櫃一個捕魚的人，
聽說了這件事，連夜將祖先的骨灰葬到他們留下來的墓穴中。可是
他的後代不是代代出狀元，卻是代代出臭頭。原來這個穴雖然是好
穴，但下葬的時候還是要配合方位、時辰，也就是一般人說的，要
天時地利的配合才能發揮作用。這位漁夫因為是晚上偷葬的，忽略
了這些，所以只能代代出臭頭。〔註111〕

即使是好風水也要注意天時、地利、人和才能發揮作用。但傳統的看法是「福
地福人居」，有福之人隨便葬就得到好風水，無福之人費盡心機也是枉然，比
如這則〈福地福人居〉的故事就是這樣說的：

　　以前有一個員外，很有錢，他看上一個「雙龍搶珠」的風水。地理
師說這個風水好得不得了，葬下去不要多久，就會發不完。可是他
把祖先的屍骨下葬後，一家幾百口，每隔二三天就死一個。那個地
理師又來看，一看便說：「糟糕！明明兩條龍，怎麼變成兩隻狗！『雙
龍搶珠』變成『二犬拖屍』了！員外呀！你不夠福氣，快把屍骨拿
起來，不然全家會死光光。」遷葬後，員外家就平安了。

　　過了不久，另一戶人家有二個兒子，家中很窮，爸爸死了，沒有錢
下葬，去找舅舅商量，舅舅拿了二十元給他們買棺材。他們拿了錢，
一路走一路想，這錢買了棺材但沒錢買石灰，不如拿去押賭，看可
不可以贏些錢買石灰。結果他們把二十元輸得精光，祇好慘兮兮的
回家。沒辦法，傍晚就把父親的屍體用草蓆捲一捲，抬出去埋葬。
抬到雙龍搶珠的地方時，天要黑了，也快下雨了，他們就停下來休
息，但是屍體沒有放好，忽然滾進了員外以前挖的那個墓穴。兄弟
二人見了，心想，那就葬在這裡吧，就草草把土掩蓋一下回去了。
不料地理竟活了起來，又變回雙龍搶珠，並且隔日就浮出一個墓。
這是上天要把這個風水賜給他們，而且那個風水若用棺葬要三年才
會發；若不用棺葬，則一年就大發。

　　第二天，舅舅去看外甥事情辦得如何，二個外甥見了舅舅便跪下
去說昨天的二十元全都賭輸了。舅舅不說別的，祇問他們把父親
葬在哪裡，他也懂風水，要外甥帶他去看葬地。當他看到那個浮
出來的墓，高興得不得了，直對外甥說恭喜。兩兄弟又說，他們
祇用草蓆入葬；舅舅聽了，更是連說「對啊，對啊，這樣會發得
更快。」〔註112〕

俗話說：「千算萬算，比不上老天爺一算。」與其大費周章的請地理師尋求好
風水，希望藉此庇蔭後人，倒不如多行善布施留陰德於後人才是。這個故事
的重點，便在於說明風水會因為主人的福氣而有所變化，像這種以「風水的
改變」闡釋「福地福人居」概念的故事，在金門也有類似的故事：

　　有個老人在山坡上種田，常備茶水奉給過路人。一個地理師經過，
向老人乞茶，老人在茶中撒下些許草末遞給他，地理師心中大惡，
以為老人故意作弄他，但仍不動聲色地吹開草末，喝完了茶。地
理師臨走時，為懲罰老人的存心不良，故意向老人指點一個「兩
狗分屍」的惡地，謊稱是佳穴，誘老人定為葬地。數年後，地理
師再經該地，訪知老人果然葬在該穴，但看風水形勢卻變成了「雙
龍搶珠」的吉地。大惑不解的地理師，偶經旁人說明，才知道老
人在茶中撒草的原因，是為了讓剛爬上坡不及喘氣的路人，藉吹
開草末調整呼吸，以免急飲傷身。地理師這才明白風水會因人的
福德而改變。〔註113〕

故事中，老人善心的舉動雖被誤解，但終究因善獲報，風水凶地變成吉地，
與澎湖所見，正好相反。同樣的故事，也見於福建、臺灣新竹等地。〔註114〕
至於澎湖故事後半所說的，兄弟誤打誤撞得到好風水的故事，在金門也發現
類似的故事，大意如下：

　　後沙有一個孝子，母親死了，沒錢埋葬，去求他母舅，母舅便給他
兩三塊白銀買棺材。回家路上，孝子想藉賭錢贏一點買石灰的錢，

〔註112〕同註八十七。頁一四五。

〔註113〕唐蕙韻：《金門民間故事研究》，（中國文化大學中文研究所碩士論文，八十六
　　　　年六月），頁九十九。

〔註114〕見金榮華：《台灣桃竹苗地區民間故事》，（中國口傳文學學會，八十九年十一
　　　　月），頁一○五。《中國民間故事集成‧福建卷》，（中國民間故事集成編輯委
　　　　員會，一九九八年十二月），頁三二三。

卻把錢輸光了。這就是俗語講「搶（上）灰連棺材去」的由來。

孝子不敢再找母舅，空手回家後，只好用米籃裝殮母親，擔出門去埋葬。擔到一座山裏時，忽然閃電雷鳴，狂風大作，孝子放下擔子躲雨，風沙一下子淹蓋了裝他母親的米籃，孝子遍尋不著，只好作罷，志記而回。次日舅舅來做外家，問葬何處，孝子將舅舅帶到志記處，舅舅一看，驚呼這是米籃穴，若用米籃殮葬必發財。孝子以為舅舅已知前情而故意拿話試探，趕緊自述詳情懺悔，舅舅聽後直說是福氣。後來這家人就出了一個許百萬。〔註 115〕

對照之下，這兩個故事的情節架構幾乎全同，惟角色略有差異，如孝子與兄弟、父死或母死，此外穴名及葬法也各不相同，試表列如下：

地方	人物	亡者	借錢者	過程	結果	穴名
金門	孝子	母親	舅舅	輸錢失棺	以米籃代棺	米籃穴
澎湖	兄弟	父親			以草席裹葬	無名

其中引人注意的是，二地的故事中，為什麼死了父親的兄弟和死了母親的孝子全都要向舅舅借錢？雖說故事中主角的家裏都很窮，但在傳統以父系為主的家庭制度中，家中有事，通常最先向父系方面的人尋求支援，若是父系方面的親戚無法相助，應該也是就近尋求鄰近親友的協助，少有逕向母家求助的，因此故事中向舅舅求助一段，似乎有違常例。

不過，若進一步探討閩南地區的喪葬習俗，會發覺其中有一項「報外家」的習俗。所謂的「報外家」是指母親過世時，做兒子的必須到母親娘家（外家）報喪，外家得訊後，必須派人來探視，一方面了解自家女兒的死因，一方面提供喪葬的幫助。通常這個探視的責任，就由母親的兄弟（舅舅）擔任，因此故事中舅舅的角色，當是在這個習俗背景下形成的。

澎湖的這則故事，有錢員外雖得風水吉地，卻因「沒有福氣」而使「吉地變凶地」，並為「草席葬父」預留了一個現成的墓穴，使得草席葬父的意外，像是冥冥中自有的安排，進而突顯出「沒有福氣即使佔得好風水亦不能得，有福氣則上天自會賜好風水」的「福地福人居」觀念。〔註 116〕

〔註 115〕唐蕙韻：《金門民間傳說》，（臺北稻田出版社，八十五年年十二月），頁一一七。

〔註 116〕以上有關「福地福人居」之論述，參考唐蕙韻：〈澎湖與金門傳說比較三則〉，（澎湖民間文學學術研討會會議論文，民國九十年五月十八日）。

四、結語

　　風水之說在中國流傳久遠，所謂的風水乃是指天地之氣，藉著大自然的靈氣，所孕育來的出一種神秘的力量，這種力量小可以影響個人，大可以影響家國。換言之，風水是一種蘊藏在人間的「天命」，誰能掌握它、運用它，就可以彌補先天的不足，改變既定的命數。所以影響所及，上至皇公貴族，下至販夫走卒，都想為自己、為先人覓一個好風水。好令亡者得安，生者家業興旺、升官發財。澎湖的風水傳說，在整個澎湖傳說中，是數量比較少的一類，若是因此就驟然認為澎湖人不重視風水的話那就錯了，因為數量少只是一個表象，不少傳說雖然具有「風水」的因素，但風水並不是故事的重點，而只是用來說明這戶人家何以會興旺，那戶人家何以會有錢的一種解釋，並非故事的主題。綜觀澎湖的風水傳說，無疑的「澎湖出皇帝」的傳說，結合了澎湖獨特的地理景觀和人文思想，是很有地方特色的一類傳說。至於其他的風水傳說雖然零碎，但所呈現的思想：福地福人居，風水可以庇蔭子孫、興旺家族也可以敗壞村莊……，都是很傳統的想法。

第七章　澎湖宮廟神明傳說及其他

第一節　宮廟神明傳說

一、宮廟傳說

（一）宮廟由來傳說

澎湖一地向來以廟多而聞名，為何有這麼多的宮廟？這是因為「神多」所以才造成「廟多」的結果。這些眾多的神明是如何來到澎湖「安身立命」的呢？從傳說來看，大致可以歸納為以下數種原因：

1、神明是從家鄉帶過來的：先民移民澎湖時，為求平安順利，特別帶著家鄉的守護神隨行，安抵澎湖後，便為之建廟供奉。如竹灣的大義宮便是如此：

> 竹灣大義宮的主神為關聖帝君，為二百年前由福建泉州六合宮信眾來澎湖墾荒時所帶來的。最初是由小門、合界、竹灣、橫礁，四個地方共同供奉，所以稱為四合宮，後來因為某些村莊的路途比較遙遠，交通又不方便，所以就有些村民抓了宮裡的香灰回去供奉，久而久之就每個村中就有各自的廟了，廟中的主神大部份還是關聖帝君。〔註1〕

2、因為人口的擴展遷移或其他因素而分割香火另建新廟供奉的：

〔註1〕蔡宗正先生於八十七年十一月八日竹灣大義宮講述，李書瑩、康淑蘭採錄。未刊稿。

菜園東安宮是於清朝年間分靈來澎湖的。……因為非常靈驗，村人便要求讓大家來共同供奉，於是石泉、前寮、菜園三社便共建一朱府王爺廟（通稱朱王廟）。後來清末人口增加，三社便協議將廟便分家，於是，前寮分得令旗，石泉分得神像，菜園分得香爐，再各自蓋廟供奉。目前石泉、前寮仍名為朱王廟，惟菜園不知何故，改名為東安宮，但主神全是朱府王爺。其中菜園的朱府元帥非常顯赫。〔註2〕

3、由於神明顯靈，表示要在此濟世救人，希望村民建廟供奉：

以前在一個荒涼、四周無人耕田的地方，每到日落時，就會有一輪紅色光彩，由西南方慢慢升起而後墜落。墜落後，隱隱約約的可看到三個很大的人影，村民看到都感到很奇怪。一段時間後，經過別人指點，知道此地有聖真降臨，於是村民就建了一間簡陋的竹屋，供奉三位聖真的神位朝拜。從此，村莊的村民都更健康、更平安。所以來此廟朝拜的人就越來越多、越多越是興盛。有一天，廟裡連續發爐三天三夜，村民都感到非常奇怪，就擲笅祈求神明指示，才知道這三位聖真乃是安南的李恩主、安徽的伍恩主、江西的黑恩主，奉玉帝之旨來到此地鎮守。後來由信士劉必勝提議把簡陋的廟重新建設，完工後，因為這三位神明都是聖真，所以就稱這廟宇為「聖真殿」。〔註3〕

很久以前，林投有個人出海捕魚，結果發現在十里外的海上，有東西發出光芒。他開船去看，原來是一塊木頭在放光，他覺得很神奇，就把它撿回來。撿回來後，這塊木頭就指示說，它僅能用於雕刻神像，此外別無用處。於是村民便把木頭送去雕刻，雕完後，神像自己發聲說：「我是薛恩主公。」從此他就成為林投這裡的主神。〔註4〕

4、民間的自然崇拜：舉凡大樹、石頭等自然萬物亦加以崇拜。如菜園有「石頭公」、烏崁有「相仔公」。

〔註2〕姜佩君：《澎湖民間傳說》，（台北聖環出版社・民國八十七年六月），頁五十五。

〔註3〕洪振秋先生於八十七年十一月十五日龍門講述。徐美麗採錄。未刊稿。

〔註4〕同註二。頁六〇。

烏崁有一塊石頭外觀非常像老虎，一些放牛的小孩經過時見了都會很好奇的停下來拜一拜，許個願，據說都能一一的實現，後來一傳十、十傳百的，拜的人越來越多，大家覺的這塊石頭很靈，有求必應，就決定幫它蓋座小廟，供居民們膜拜。以後烏崁人只要家中有任何不順利的事，來乞求保佑，都會大事化小、小事化無，得到保佑。尤其是豬隻，長不好或不吃飼料，來小廟過後就會吃得好，長得快，連隔壁的興仁里民也會來膜拜，祈求保祐家中飼養的豬長得肥又大。一直到光復後，興仁里的居民，每逢年節還都會像烏崁人一樣辦牲禮來祭拜還願，初一、十五也有人拿菜湯飯來拜相仔公。在六合彩興盛時更是熱鬧，到三更半夜小廟裏都還擠滿信徒在求明牌。〔註5〕

　　5、「大眾爺公」式的陰靈崇拜：澎湖四面環海，海難時有所聞，偶爾海上會飄來一些無主屍體，或是一些客死澎湖的異鄉人，當地百姓集資為之埋葬建廟，如通樑的「客公廟」、「三十人公廟」皆是。

聖姑本姓陳是一個十七、八歲的女孩子，她的父親在台灣當官，她到台灣看他的父親，以前的交通不方便，從大陸到台灣必須乘坐帆船，但不幸途中遇到颱風，只好暫時到前寮靠岸，但是大風還是將船打翻，聖姑的船因此落難，於是村民便將聖姑埋葬。有一晚，有人發現聖姑的墳墓發出火光，於是大家認為此處地靈，便為她蓋了廟。因為她尚未嫁人，所以稱為「聖姑」，到目前已有一兩百年的歷史了。以前，醫學不發達，她也會保佑小孩子，只要村民前去拜拜即可保小孩平安。這座廟於民國八十二年重修，後來發生火災，所以又在八十六年重建，十一月初三落成。〔註6〕

傳說以前荷蘭人的船艦，遇上我方的船艦，互相撕殺，之後就有荷蘭人的屍體漂到跨海大橋的河邊，因屍體多而惡臭，於是附近的居民，把屍骨聚集在一起，為他們建一座廟，叫做「客公廟」，畢竟他們也是遠方來的客人。〔註7〕

〔註5〕《澎南區文化資源集錦》，（澎湖縣立文化中心・民國八十七年十二月出版），頁一四七。

〔註6〕董冬桂先生於八十七年十一月八日外垵講述，黃詩涵、林慧雯採錄。未刊稿。

〔註7〕易金龍先生於八十七年十一月一日跨海大橋講述，王瑋逸、葉韶晴採錄。未刊稿。

6、由於拾到神明的金身，因而加以建廟供奉。

　　我們這裡的玄天上帝，是以前村民在海邊巡邏時，在一艘大陸失事的漁船上發現的，這艘船上有一尊上帝公的神像，於是村民就把上帝公迎回村中，蓋了一座廟來參拜他。〔註8〕

　　多年以前，曾經從海上飄來一尊太子爺的金身，被潭邊村民拾獲，當晚就有人夢見太子爺言明要駐紮本村，還夢見一隻雞揮翅畫出今天廟址的四個角，於是便在四角範圍內，建廟供奉太子爺。〔註9〕

7、為了酬謝神恩或感謝某人而為之建廟。

　　在古早時候，西文地區的居民有許多人都生病了，這時正好有一條從大陸清水來的船駛進西文港，船上奉有一尊祖師公（即清水祖師）。祖師公變成一位老人四處去探訪民情。有一天祖師公問一群路人要到那裏去，路人回答：「大家都生病了，要去馬公抓藥治病。」祖師公聽了便說：「不要緊，我拿些藥丸給你們吃就好了。」說完祖師公便在身上搓來搓去，搓出了一些藥丸，送給那些路人。不久那些人的病都好了，大家就結伴到船上謝謝那位老人。到了船上，找不到老人，就問：「你們船上有沒有一位老人。」船上的人說：「沒有啊！如果不信的話可以自己去找。」大家就真的去找，結果只看到一個黑面的祖師爺神像，長的和那老人一樣，大家才知道原來是祖師公顯靈，所以便在西文建了一間祖師廟來答謝祂。〔註10〕

　　很久很久以前，有一個從外地來嶼裡居住的女人，她有著菩薩般的心腸，待人很和善，靠幫人捕網和照顧小孩為生。因為她做人很好，很會替人著想，所以村人因為工作忙碌無法照顧小孩時，她都很樂意幫忙，所以她從最初的一個小孩，到最後一個人帶了好幾個小孩，而且她這一幫忙，就從她年輕到她百年死後。嶼裡的人們為了報答她，也為了讓後世的子孫能記得她的恩澤，就在嶼裡建了一座姑婆宮，讓當地的居民及眾人朝拜，以答謝她的心意。〔註11〕

〔註8〕陳喜發先生於八十七年六月馬公市講述，陳雅玲、李銘芳、林珍妮採錄。未刊稿。

〔註9〕《湖西鄉社區資源集錦》，（澎湖縣立文化中心·民國八十六年六月出版），頁九十六。

〔註10〕同註二。頁二十八。

〔註11〕陳松男先生於八十八年十二月二十五日湖西鄉西溪村講述，江依芳、陳秀綸採錄。未刊稿。

8、其他原因。

在很久以前，菓葉住著一隻「雞精」，因為住著雞精，所以沒有村民敢住在那裡。後來，村民們就提議在那塊地上建一座廟宇，這樣一來可以提供民眾一個拜拜求平安的地方，二來也可藉由廟之靈驗而趕走那隻雞精，於是大家就同心協力建了一間龍鳳宮，廟才建好沒幾天，那隻雞精就不見了。〔註12〕

據說以前外垵的村民在海邊撿到兩塊人的屍骨，村裡如果年紀大的人有筋骨酸痛的毛病，只要拿骨頭來按摩按摩，酸痛就會不藥而癒了。因為有如此神奇的功效，人們就將它視為神明供奉起來，就這樣一傳十，十傳百，最後就有了這間廟。因為這二塊骨頭就像醫生一樣，能醫好人的病痛，所以取名為「先生公」（台語醫生之意），後來就傳成「先師公」。〔註13〕

澎湖之所以會有如此多之寺廟，雖然有上述幾種原因，但簡單一句話來說，無非是希望神明護佑，求個平安、心安而已。

（二）流木建廟及飛瓦傳說

前文所述的是建廟的動機及理由，但真正付諸行動時，便發生了一些問題，因為澎湖此處向來人窮地貧，人都不一定吃的飽，那裡還顧的了神？所以有許多寺廟便有這樣的傳說，說這座廟是神明顯靈，自己到唐山（或是台灣）挑選木材，再把木材飄回澎湖的：

現在七美吳府宮裡的吳府千歲，最早是一個在海上浮浮沉沉的雕像。後來被一個海豐村的漁民把祂撈起來，帶回七美。當時沒有廟宇可以供奉，所以就暫時把祂供奉在自己住的木屋裡。吳府千歲很靈感，發生了許多靈驗的事，所以左鄰右舍都來拜拜，而且拜過後出海都很順利。村民在生活有改善之後，便想要幫吳王爺蓋個廟，可是沒有多餘的錢可以蓋廟，所以吳王爺顯靈降乩對他們說：「你們儘管去籌劃，其他東西我自己會去準備。」吳王爺便化身為三個人去買木材，木材直接由大陸運回七美。村民看到很大的船開過來，把木材

〔註12〕陳明力先生於八十七年十一月十四日菓葉講述，王品樺、羅惠玲採錄。未刊稿。

〔註13〕李文富先生於八十八年十一月二十一日西嶼鄉外垵村講述，莊雪如、吳佳慧採錄。未刊稿。

卸下後，就消失不見了。有些村民想把木材撿回去，可是撿起來卻發現每根木頭上都蓋有吳府千歲的印鑒，這時村民才知道這些木材是蓋廟用的。不久廟便蓋起來了，雖然不是很大，但已經足以供奉吳府王爺了。〔註14〕

當初北極殿要建廟的時候，是真武大帝顯靈，親自到唐山買木材的。祂要店家將木材運到風櫃里的四角嶼和雞籠嶼的中間，便丟下海，讓木材自己漂回井垵。當時的人比較窮，就有一些人將木材撿回去，但是這些木材上都印有「井垵里北極殿玄天上帝」的字樣。不久這些撿木材的人，身體都有或多或少的不舒服，他們去自己村中的廟宇請示，才知道這些木材是井垵北極殿玄天上帝建廟用的，他們聽了才趕快把木材送回井垵，身體才好起來。然後大家有錢出錢、有力出力，北極殿才順利建造完成。〔註15〕

這類傳說在澎湖流傳甚廣，澎湖本島之外，七美（吳府王爺廟）、望安（李王廟）、將軍（李府將軍廟）、鳥嶼（土地公廟）、西嶼（池府王爺廟）、白沙（赤崁龍德宮）等諸離島皆有同樣的傳說。雖然發生的地點有所不同，但其內容卻毫無二致：神明化身為人去採購木材，再將購得的木材丟入海中，任其飄回澎湖。而飄回澎湖的木材上，必定印有神明或宮廟的名號，也必定有部份木材為外村（或貪心）的人撿到不予歸還，而受到神明的處罰。其實類似這種的傳說，在台灣是相當普遍的，家父就曾說，台南老家的每一座廟，也都是這麼說的。在北部，著名的「關渡宮」也流傳著類似的傳說：

起初關渡媽祖奉在淡水山中，有一天下了場大雨，這間媽祖宮倒了，信徒們找來找去，找不到媽祖神像，過了三天後，神像卻在關渡的河邊被村民發現了。當地村民認為神像漂流到此，是吉祥之象，便大家捐錢建了一座小廟奉祀那尊神像，由於祂很靈驗，無論是前來求醫或求財，信徒們都能如願以償，於是北部各地人們都前來跪拜祈求。再過了一段長久歲月之後，有一天晚上，當地村長在夢裏看到了媽祖，祂告訴他說：「我所居住的媽祖廟已經破舊不堪了，希望你起來倡導邊建事務，至於新廟應擇在何處，明天再告訴你，木材一定要使用某山的林木才較為堅牢。」說來奇怪，當村長翌日到媽

〔註14〕同註二。頁二十五。
〔註15〕同前註。頁十二。

祖廟，卻發覺神像失蹤了，大家分頭尋找不著，最後有人在現在的
廟址找到了祂，於是，信徒們都相信這一定是關渡媽祖自擇古地，
要大家在此興建廟宇，便發動募捐，同時依照媽祖所指示的，派人
前往某山購買木材。可是，出於意料之外地，木材行老闆看到來人
便稱：「媽祖宮所要的木材，昨天已訂好合同了，我一定按期送去。」
對此，來人甚覺詫異，以為老闆一定搞錯了，忙加說明：「不，昨天
有一位年輕婦人前來訂購，說是新建媽祖宮所需要的，並且已付了
訂金。」這個消息一經傳出，信徒們都說該年輕婦人就是媽祖顯靈
的。老闆獲悉此訊後，自動降低價格，重新與該廟訂合同。過了幾
天之後，所有的木材都準備好了，翌日就可以搬運了，可是，沒有
想到當天晚上刮了大風，下了一場大雨，堆在淡水河邊的木材統統
被吹到河裏去，順著流水不知漂到何處去。眼看媽祖宮的建築用材
全部遺失了，老闆擔心如果廟裏派人前來搬運時，不知如何交代。
不料當他親自跑到關渡廟，準備說明原由時，他們卻反而面帶笑容
說：「謝謝你這麼快就把木材送到這裏，尾款馬上就付給你好了。」
他們以為老闆前來收款的。老闆最初莫名其妙，後來詳細查詢才獲
知大風雨的第二天，所有的木料都被洪水沖到關渡附近的河裏來了。
難怪他們誤以為是老闆運來的，鄉老們都相信這是媽祖發揮其靈力，
協助建築工程的進行。〔註16〕

類似的傳說，不僅在台、澎兩地流傳，甚至在中國各地也是很常見的，但是
位於內陸的寺廟，是如何講述這個傳說的呢？在濟公的傳說中，有一則名為
「古井運木」的傳說，大意是說「慈淨寺」被火焚毀之後，濟公答應住持為
其重修，於是濟公運用他的神力，從四川買回大量的木頭，但是四川及杭州
皆不靠海，木材由什麼地方運進寺裡呢？答案是「水井」，木頭由寺中的水井
一根根的冒出來，慈淨寺由此得到重建寺廟的木材，後人便把這口井稱為「運
木古井」。〔註17〕

推測這類型傳說的由來，當是某些大廟，為誇耀其寺廟的華麗及神明的
顯赫，所創造出來的傳說，但經由百姓的口耳相傳後，不論哪一所宮廟，也

〔註16〕施翠峰：《台灣鄉土的神話與傳說》，（彰化縣立文化中心・民國八十四年六
　　　　月），頁四十九。
〔註17〕許媛婷：《濟公傳研究》，（台北文化大學中文所碩士論文，民國八十六年六
　　　　月），頁二五六。

不論其寺廟大小、神明顯赫與否，大家也都這麼傳說了。話雖如此，但在澎湖此類型的傳說實在太多了，不禁使人懷疑，這些傳說是否含有部份的真實性？

從澎湖的地理環境來說，在海邊撿拾到一些漂流物，是很正常的事，而海邊的漂流物，想來該是以木頭、樹枝、廢棄的木器為大宗。若是再考慮到澎湖海域的凶險，過往的船隻可能遇難被風浪打成碎片，船上載運的器物可能隨著浪潮四處漂流。因此，海邊一夕之間飄來大量木料、建材，並不是不可能的事。即使數量不多，若是不求宮廟要建的高大華美，只要有心在海邊等待撿拾，相信假以時日，必定可以撿拾到所需的建材。此外據老一輩的人說，從前由於經濟的困難，所謂的蓋廟通常只是簡單的用幾塊硓𥑮石疊一疊，上頭再蓋些木頭就成了，因此真的要蓋一座廟，並不需要很多的木料建材，隨便在海邊撿一撿，很容易就蓋起來了。因此此類傳說，雖有濃厚的神話色彩，但相信也是有部份事實作為依據，只是經過後人的誇大渲染，才形成我們現在看到的樣子吧！有些講述者，或者也感於此說太過神奇，而企圖以科學的角度來解釋這些「流木」的事件，所以也有了這樣的說法：

> 從前外垵有個村民從大陸帶了一尊很小的神像，蓋了一間小廟供奉。後來有次海上漂來許多大木頭，上面都印有一個「溫」字，當地人民就說這些木頭是溫王顯靈，去大陸要來的，於是居民就用那些木頭重建成現在的溫王宮。但也有另一種說法，說從前由台灣到大陸去的船隻都會經過外垵的外海，當時正好有艘運木頭的船，在外垵外海遇到颱風翻船，所以才有木頭漂到外垵來，至於「溫」字，應該是木頭主人的姓氏。〔註18〕

這則故事一方面對「流木」的由來及木材上的字跡，提出了給了合理的解釋，一方面也印證了筆者前面的推論。有的故事在講完「流木建廟」的傳說後，接著又說了「飛瓦」的奇蹟。就目前搜集到的資料顯示，澎湖「飛瓦」的傳說，集中在西嶼鄉合界村「威揚宮」的池王爺身上：

> 合界村的池王爺廟，要建造時，杉木是自己流來的，瓦片是飛來的。這要怎麼說呢？事情是這樣的：合界要建池王爺廟的時候，池王爺自己去買杉木，他跟大陸上的店老闆說，你船載到吉貝後，把杉木往海裏丟就好。當時還交了錢。可是，到了第二天，那些

〔註18〕同註十三。

錢都成了金紙。老板一看，心裡明白是怎麼一回事了，就把金紙燒一燒，木材算是捐給池王爺的。杉木在吉貝島丟進海裡後，就自己飄到合界來了。那老闆則從此一帆風順，做生意賺了很多錢。廟落成時，他還親自來廟裡捐錢給池王爺。至於瓦為什麼會飛呢？那是瓦載到海邊卸下後，池王爺要社里的人去宣傳說，明天王爺要施展法力，讓這些瓦飛到他的宮廟來。因此大家前來海口看，人好多，這時池王爺要大家排成橫隊，從海邊一直到宮廟，把瓦片一手接過一手，一直傳到工地。瓦在大家手中快快傳送，遠遠看去像在飛的一樣。〔註19〕

以前合界的威揚宮未建前，全村只有十二戶人家。在興建這間廟的期間，居民必須把要建的地先拓平，所以必須去拓土，但奇怪的是只要居民一大早去拓土，土都是軟的，好似已經有人先拓過一樣，所以居民都不需要拓土，只要用桶子將土運走就好了，而拓好的軟土剛好是居民一天搬運的量，等軟土搬完了天也正好黑了，等第二天要拓土時，硬的土又變軟了，非常神奇，據說這是合界供奉的池王派天兵天將下來幫居民拓土的。

後來要建廟時，因缺乏做樑柱的杉木，所以遲遲無法動工，正當居民們為此事煩惱時，就有人夢見池王指示說在某月的十五日下午兩點會有一批杉木流入合界海邊，要大家去撈這些杉木。後來杉木飄來了，居民還遲疑著要不要動手撈時，有人喊著杉木上有「池王」的字樣，這時居民才了解這是池王自己去買杉木。經過點數後，發現少了一枝，過幾天後，有別村居民運來一枝刻有池王的杉木來還。最後廟大體蓋好後，接下來要覆瓦。很多別村的居民都跑來看，當大家用接駁的方式，把瓦一塊塊的運上屋頂時，很多接駁的人都說並沒有接到瓦片，而瓦片卻好像是自己飛的一樣跑到屋頂上去。這就是合界池王所流傳的「飛瓦」傳說。〔註20〕

相較於「流木建廟」的神奇，「飛瓦」之說毋寧是較合理也的確有可能發生的

〔註19〕金榮華：《澎湖縣民間故事》，（台北中國口傳文學學會·民國八十九年十月），頁一一七。

〔註20〕楊淑女女士於八十八年十一月三日竹灣廟口講述，蔡玉雯、楊美秀、陳淑蕊採錄。未刊稿。

事。傳統人民的心態上，能為神明效勞服務，是一件積陰德有光彩的事，所以眾志成城，便成就了這件神明「飛瓦」的神奇事蹟。這種傳說的最初，可能是如以下這件事一般，毫無神怪的意味，但經過後人的誇大渲染後，才逐漸形成我們現在看到的樣子。

> 我現在所講的，是高雄縣阿蓮鄉雷峰寺的由來。清朝，有一位鳳山知縣夢見觀世音菩薩對他說：「我到過大岡山，看那裏的地理位置非常的好，很合我的意思，我希望你們能為我蓋一間廟，讓我來救濟萬民。」這位知縣在聽到觀世音菩薩的指示以後，隔日趕緊派人去查看大岡山所處的位置。令人驚訝的是：大岡山在當時是個很少人到的地方，而且山勢很高，通往山上的路相當地窄，就像人家所說的「羊腸小徑」一樣，若要請工人搬運建材，是相當地困難。然而，這位縣令心想：「觀世音菩薩所交代的事情，也不能夠不做。但是若要照做，得要請人來搬運建材，由山下擔到山上，這是相當地難。」於是他想到一個辦法。隔日，他命一位部下到各處貼告示，告示上寫著：「觀世音菩薩差不多在某時會顯聖，所以，希望老百姓到時要上山看觀世菩薩顯聖的奇景」。眾人知道這件事以後，都想要去看。知縣事先交代他們，他說：「你們上山的時候，雙手一定要拿兩塊磚，或是一手拿三塊瓦片，這樣你們才能看到顯聖的奇景。假如不那樣做的話，可能沒辦法看到。」所以，老百姓就照著知縣的意思，上山的時候，每人都拿著兩塊磚，或是六塊瓦。沒幾日的功夫，蓋廟所需的材料，就由老百姓拿到山上了。知縣知道民眾已把建材搬上山後，就照著觀世音菩薩的指示，依原定的期限，在山上，蓋了一間廟，那裏就是現在大岡山的雷峰寺。〔註21〕

（三）雕刻金身的傳說

這裡的「金身」指的是廟中神明的神像，在經歷「流木」、「飛瓦」事件之後，寺廟終於興建完成，然後便是彫刻神明的金身，準備放在宮廟中接受民眾的香火。在雕刻金身的過程中，雕刻師往往起了歹念，想將神像據為己有，於是便用其他神像代替，但不料神明早有指示，有某個特殊標記的才是真正的神像：

〔註21〕周有亮先生於民國八十六年一月一日台南縣佳里鎮講述。吳淑華採錄整理。
　　　　未刊稿。

　　據說在乾隆年間，成功村村民在東方海邊發現一根不斷閃爍著金光的木材，村民想這根木材可能有神物存在。這時正好有一位從唐山來的地理師，他觀察了村莊的形勢說：「你們這要奉祀武財神趙公明，地方才能平靜。」於是村民便將此木頭送到唐山雕刻。但神像雕刻完後，雕刻師傅覺得此尊神像的威儀不凡便想佔為己有，所以又雕了一尊假的想騙村民。怎知趙元帥事先已托夢給村民說：「請神時必須請左頰下有一黑點的才是真正的主公。」所以村民到雕刻師家去請神時，堅持要左臉頰有一黑點的神像，雕刻師被逼的沒辦法，不得不把藏在櫃子的武財神拿出來，村民一看這尊神像的左臉頰正好有一個黑點，於是就高高興興的將這尊神像請回村裡供奉，原來左臉頰的黑點是一隻蒼蠅。〔註22〕

　　有一位村民去海邊釣魚時撿到了木材，就很高興的將木材帶回家中放在雞槽裡，可是很奇怪，所有的雞都不敢在那一塊木頭上大便。這時村裡三太子的金身已經很舊了，村民想重刻一尊，可是又找不到好的木材，這時就有一位村民夢見太子爺對他說，在村裡的某個雞槽裡有一塊木頭，上面沒有大便，要他將這塊木頭帶回來，刻尊新的太子爺神像。這個村民半信半疑的去找，結果真的找到這塊木頭，所以就照著太子爺的指示拿去刻神像。由於這塊木材的材質太好了，所以雕刻師就想把祂留著佔為己有。這時廟裡的鄉老們正準備著要去迎接神像，就有一位鄉老夢見太子爺對他說：「真的神像鼻子有三滴汗。」醒來後鄉老們就去迎接神像。雕刻師見鄉老們來了，就連忙將事先刻好的另一尊神像交給鄉老們，但其中一位鄉老就說：「不是這尊，是這尊鼻上有三滴汗的。」原來那時雕刻師正好洗完手，隨手一甩，便甩了三滴水在太子爺的鼻頭上，雕刻師非常驚訝，不得不佩服太子爺的神威，於是村民就順利將太子爺神像迎接回來了。〔註23〕

這二則故事中，或由於木材的質地很好或由於神像威儀不凡，而使雕刻師起了佔為己有的私心，此種因覬覦神像而欲加以偷換的事情，不僅發生在新雕神像時，也發生在神明出巡或其他時候：

〔註22〕某先生於八十七年六月講述，劉淑玉、李美月、薛夢君採錄。未刊稿。
〔註23〕鄭英諧先生於八十七年五月三日白沙赤崁講述，鄭靜宜採錄。未刊稿。

有一回恩主公（風櫃的溫爺王）出巡時，馬公以東甲的上帝廟做行宮來迎神，請溫王爺坐鎮在「東一位」。因為溫王爺靈顯的名聲遠播，東甲上帝廟的人雕了一尊新的溫王爺金身，想相機偷換風櫃的那尊溫王。到了溫王爺要返回風櫃的前一晚，溫王爺托夢給社里的鄉老交待說：「要迎回金身時，要迎臉上有有痣的那尊」隔天，鄉老查看「東一位」的金身，臉上沒有痣就說：「這不是我們的恩主公。」便和東甲上帝廟的主事者發生爭執。鄉老堅持說「阮有做記號」，指著另一尊由馬公東甲上帝廟所雕的，一模一樣的金身說，這才是我們的。原來那尊神像的臉上停了一隻蒼蠅，怎麼揮都揮不走，鄉老心想，這一定是「痣」的象徵。東甲上帝廟的弟子嚇了一跳，萬萬沒想到，溫王爺竟然如此靈驗。〔註24〕

由這些傳說可知，此地人民的觀念認為「神」是跟著「神像」走的，換言之，神明是附在神像上的，如若請錯神像，代表的即是廟中神明的更換。這種神明的更換，對虔誠的信眾而言是很重大、很難接受的事，但卻不盡然是件壞事，比如這個傳說是這樣的：

金恩主是隘門村所供奉的神明之一，從供奉以來相當的靈驗，一直保佑著村民平安順利。很久之後，金恩主神像的漆都已掉得差不多，顯得很老舊。村民便將金恩主的神像送至雕刻店重新整飾一番（俗稱剃面）。正巧大倉村亦是供奉金恩主的，村民也同時將神像送至相同的店剃面。數日後，隘門村要去請回神像，便在兩尊神像中選擇了一尊較美觀的金恩主回去。結果，由於他們的一念之差，請回來的是大倉村的金恩主，造成日後重大的損失。

傳說隘門的金恩主早就料到有請錯神明的事，所以特地在請回神像的前一晚，托夢給負責的人。叮嚀他明天請神像時，要請左邊嘴角有顆痣的才是本村的神像。隔天，負責人的確有注意神像左邊的嘴角是否有痣，但他始終看不到金恩主所說的痣，只看見一隻蒼蠅在神像前時飛時停。奇怪的是它停的時候，總是停在其中一尊金恩主神像的左邊嘴角上，他想應該是這尊。可是，村民卻嫌棄這尊神像比較醜，所以便選擇另一尊漂亮的回去。傳說大倉

的金恩主可能是因為香火比較不旺盛，所以沒有隘門村的靈，但
請錯神後，情況就改變了。大倉村以前的人數，很少超過一百人。
因為村裡常有個婦人來行乞，只要她一出現，三日內村中必會少
一個人，但是大家都不知道是什麼原因，直到請回隘門村的金恩
主後，才發現原來這個婦人是鳳精的化身。於是金恩主在三日內
找一個新乩童，並要村民擺設香案。結果在大倉村西北方的一個
洞內挖出一具鳳骨，村民經金恩主指示，把鳳骨火化，從此大倉
村民才得以平靜的過日子。〔註25〕

這個故事中，隘門人請錯神像自然是蒙受損失（神明不靈），但同樣請錯神像
的大倉人，卻因此請到一尊靈驗、法力高強的金恩主為他們掃平村中的精怪，
使得村民得以安居樂業，所以請錯神明，並不一定是件壞事，此類傳說，筆
者以為除了是說明神明的靈驗神奇之外，主要還是在於強調神明與村子的特
殊因緣，凝聚民眾的向心力。如大陸的「南海菩陀山」是觀世音菩薩的聖地，
聖地的形成據說是源於一尊不肯東去日本「不肯去觀音」落腳於此，因而得
到民眾的信仰與尊敬，漸漸的才形成觀世音菩薩的聖地。〔註26〕不然，眾神
尋聲救苦何處不能普渡眾生？隘門金恩主到大倉後，不是繼續濟世救人，何
以三太子非得在赤崁龍德宮、趙光明非得在成功天軍殿不可？這無非是增進
村民對廟（神）的向心力罷了，同時也讓村民可以向別村的人誇耀：我們的
某某神明真靈驗，別村的人都請不走，卻只要到我們的村裡來……。有一個
令人足以信賴的神明依靠，在這個以海為田的島嶼，是相當重要的一件事。

（四）「篡殿」的傳說

　　澎湖的宮廟中有一種很奇特的「篡殿」傳說，所謂的「篡殿」和人間帝
王被「篡位」的意思一樣，也就是說由於某種原因，廟中主神的位置被其他
的邪魔歪道所篡，以下這幾則便是有關邪魔篡殿的傳說：

　　約在民國七十二年，本社里發生一件前所未有的怪事。某日，是個
天氣正好、太陽正大的中午，突然晴天霹靂，對著社里的廟前射入
一道雷電閃光。此時住在廟邊的一位鄉老，覺得事有蹊蹺，馬上拿
出一本天書，在廟庭外大喝一聲「出！」。接著第二聲雷打入廟邊的

〔註25〕同註二。頁六十三。
〔註26〕《中國佛教傳奇》，（台北可筑書房・民國八十一年九月），頁三〇。

小門，隨即天上出現一道長長的黑影，向著廟邊的小門直衝而來。緊接著第三道雷聲響起，打向廟邊的小門，連瓦片都被打下來了。這道黑影見狀馬上離開宮廟，向西邊的山上跑去。事後，據鄉老的說法是：西邊山上有一尾千年蛇精，是本社北極殿主公——玄天上帝腳下所踏那隻蛇王的後代。因不滿玄天上帝降伏他的祖先，所以前來霸佔廟庭、搶奪王位，擾亂民間百姓的生活。經玄天上帝向玉皇大帝稟告，發出一道玉旨，派出雷公打出響雷，逼走千年蛇精。事隔二年，本社里將連續十七年鎮守在風櫃尾的溫王殿的五府千歲迎回北極殿供奉。至今，不僅使本社里風調雨順、國泰民安，且從此再也沒發生過這種事。〔註27〕

像這種蛇精的後代因不滿祖先被玄天上帝降伏，所以特別去霸佔玄天上帝宮廟的事件，就是所謂的「篡殿」。這種事在澎湖雖然罕見，但並不是沒有，而較為人知的是西溪太媽「篡」北極殿的傳說：

據老一輩的傳說，從前有位師父攜家帶眷的遠從唐山來澎湖西溪建忠勇侯廟，在施工期間，唐山師父的妻子不幸生病去世，便葬於村莊南端。數十年後，村莊人口劇增，為了應民眾信仰之需要，便又建了一座北極殿，右側正好與太媽墓（唐山師父之夫人）為鄰。北極殿興建完竣後香火鼎盛，有一次本殿主神玄天上帝繞境出巡，太媽便趁機篡殿，於是玄天上帝顯靈附身乩童告知村民此事，村民才知道此墓之人叫太媽已經得道篡殿。之後廟裡時常發生神鬼交戰之事，造成村中人心惶惶，最後玄天上帝請玉皇大帝降旨用五雷轟頂，並附身乩童用鐵符釘太媽墓使她永不超生，才結束了這件事。〔註28〕太媽原為大陸人，因為遇到船難，屍身漂流到西溪，村民加以厚葬。後來太媽附身在一個女孩子身上，顯示她在大陸時曾經學過仙術，為了感謝村民厚葬之恩，想建廟救世。村民就在她的墳上建了一個小廟祭祀。西溪北極殿落成時，太媽曾經入廟篡殿，被玄天上帝、金恩主、王公官等神，發五雷擊出殿外，此後村民便不再膜拜大媽。現在已經將古墳及廟剷平，填上水泥。傳說太媽的大陸後裔曾經到西溪，想將遺骨迎回家鄉去安葬，但村人不願意告訴他們詳細的地

〔註27〕同註二。頁六十六。

〔註28〕王丁進先生於八十七年五月一日西溪講述，高明娥採錄。未刊稿。

點，使得他們空手而返，未能如願。也有另一個說法是：太媽的後
裔已經將骨骸迎回去安葬了。〔註29〕

據當地耆老的說法，這個太媽的法力高強，總共纂殿十三年，一直到後來三
帝顯赫（詳下文），起五雷、降天火，才將太媽趕出殿外，但也僅止於趕出殿
外，完全無法進一步制裁太媽。之後在太媽墓上釘「鐵符」，也只是讓太媽不
能在宮內進出而已，完全奈何不了太媽。一直到後來，在太媽墓的對面，建
了一座「敬紙亭」，利用聖賢文章的力量才鎮住太媽。為什麼會有「纂殿」事
件的發生，據地方人士的說法，大概有以下幾個原因：1、由於廟中主神不在
（繞境出巡或外出雲遊），使邪魔外道有可趁之機。2、廟中的主事者心術不
正，導致正神遠離、邪魔入侵。如前些年大家樂、六合彩盛行的時候，有些
人假借神意出明牌，收取不當的金錢，便有可能造成正神不願進入宮廟內鎮
守，使得邪魔趁機入主宮廟「纂殿」。3、在入廟過火時，「法事」做的不夠完
善，未能將廟裡的邪魔外道完全驅離，種下未來「纂殿」的種子。顯然的，
在此地百姓的心中，神界和人界是一樣的，一個不小心，主神的位置就會被
其他法術高強的邪魔外道纂奪。

（五）其他宮廟傳說

據說從前湖西鄉紅羅村的上帝公廟（北極殿）是由紅羅與西溪兩村
共奉的，廟中的經費與祭典事務也由兩村村民共同負擔。每年神誕
時兩村輪流負責打理一應事項，當祭儀完畢之後，輪值村的頭家、
鄉老須將祭拜過的牲禮及龜粿分送給另一村的頭家、鄉老。紅羅村
很多人以泥水匠為業，當值時即以畚箕裝盛供品擔挑到西溪派送；
西溪人則以謝籃為之。西溪人收到分送的供品後總覺彆扭，因為畚
箕是挑牛糞、砂石之具，用以挑送食物令人難以釋懷，故每每向紅
羅人提出抗議。紅羅人則認為西溪人太過吹毛求疵，因為他們每次
用來裝置供品的畚箕都選擇全新未曾用過的，其誠意與衛生都同樣
的無可挑別，因此執意不改。雙方為此逐漸心存芥蒂，後來西溪人
乃決議自建一座村廟，不再與紅羅有瓜葛。西溪人雖與紅羅人在意
見上有些不合，他們對上帝公的神威顯赫卻無異議，因此新建的西
溪村廟仍是供奉上帝公。由於兩村接界，不免有些營頭相近，而既

　　然同樣供奉玄天上帝，也必在同一日慶祝神誕，並為各自的五營頭施行鎮符的儀式。有一年兩村同時抬著神轎抵達相鄰的營頭作法鎮符，西溪新廟中雕塑的上帝公神像較紅羅的為大，所以西溪人嘲笑紅羅的神像太小，是「帝公仔囝」（de gong a kia）。紅羅人被譏嘲之後，立刻返村籌錢以雕塑尺寸更大的神像。紅羅人商量的結果是要雕出一尊西溪無法超越的神像，因此就以能夠進入神轎最大的尺寸為準。翌年兩村又在鎮符時相遇，紅羅人抬著更大的神像出場，此番輪到他們譏笑西溪人拜的是「帝公仔孫」（de gong a sun）。西溪反受折辱後，苦思對策以找回場子。因為神像的大小是在抬出去鎮符時才能比較，故須以能進入神轎為度。他們最後想出一個辦法可以再雕一尊更大的神像。西溪人的絕招是另做一頂轎頂可輕易拆卸的神轎，再雕一尊放入轎中「頂天立地」的神像，當然每次這尊神像要上轎時，都須先拆去轎頂，神像再從空而降，放入轎中安座。從此西溪帝公聲名遠播，其尺寸再也「無神能及」。所以昔時手氣不好的澎湖賭徒，被友人詢及賭場戰果時，常以「西溪帝公──大軀（音su，與輸同）」回答，問者一聽自能會意。〔註30〕

筆者覺得這則故事很有趣，想進一步了解還有沒有其他的說法，所以便託西溪的朋友，向村中耆老探詢此事，結果得到一位七十九歲的長者答覆說：最初二村是共建「王公宮」，共同奉祀上帝公，後因紅羅人用畚箕盛裝供品，引發西溪人的不滿，於是西溪人分出去另建一廟，新雕了一尊上帝公像供奉（後來稱為（西溪）大帝，留在紅羅的上帝公像則稱為（紅羅）大帝）。隔年二村迎神遶境相遇，因西溪的大帝比紅羅的大帝小而被取笑，所以回去後，西溪又新雕了一尊上帝公像（後來稱為二帝），比紅羅的大帝公還大。紅羅人不服氣，隔年也雕了一尊新的一尊上帝公像（後來稱為二帝），比西溪的二帝還大。為了爭一口氣，於是再隔年，西溪又雕了一尊上帝公像（後來稱為三帝），比紅羅的二帝大，之後西溪三帝公的尺寸就無「神」可及了。所以現在所謂的「西溪帝公」指的就是西溪的三帝公。傳說西溪的三尊上帝公，以三帝的法

〔註30〕 余光弘：〈西溪帝公──大軀〉，（澎湖《硓𥑮石》，民國八十七年三月，第十期），頁五十。又：筆者的學生也曾採集到同樣的故事，但事件的起因正好相反：事件是由紅羅村的人先取笑西溪村的神像太小，是「神仔子」，隔年換西溪村的人取笑紅羅村的神像太小，是「神仔孫」所引起的。

力最強（不知是否與尺寸有關），所以後來太媽篡殿時，便是由三帝將其趕跑的。

　　以上所述是否真有其事，目前已難以斷言。但由澎湖昔時的貧窮情形來看，二村是否有如此的經濟能力，從事此種宗教競爭，實在令人懷疑。而且從兩廟的建造年代來看，這件事的真實性也有值得商榷之處。據采風學會的考證，紅羅北極殿建於乾隆四十年（西元一七七五年），晚於西溪北極殿的乾隆三十二年（西元一七六七年）〔註31〕與前述傳說中二廟建立的年代並不吻合。即使采風的考證有誤，據余光弘先生的考據：

> 根據清代的方志，清乾隆五年，澎湖的戶口數是一六八三戶，一三四一七丁，乾隆三十二年是二八〇二戶，二五八四三丁口……，每村平均大約四十戶。……縱使乾隆時代的西溪是人多勢眾的大村，其戶數最多也在一百之下，人數也不會超過一千，較可能的估計是四、五百人之譜。昔時澎湖鄉間又極困苦，胡建偉所做的〈澎湖歌〉中有云：「土瘠民貧何處無，未有土瘠民貧到如此」，以當時的澎湖人口數及經濟條件來看，我們有相當充分的理由來懷疑以下諸點：第一，是否可能有興盛的建築業，很多紅羅村民足以依賴做泥水維生；第二，西溪村民是否有財力另建一廟；第三，當時澎湖應無雕神像、造神轎之處，從事上述競爭的代價較現在尤為可觀，兩村的人力、財力是否足以負擔。這個故事合理的發生時空環境應是在日據中期，可是如此則與西溪北極殿二百餘年古廟的傳說相矛盾。〔註32〕

姑且不論此事的真偽、年代為何？純就傳說的角度來看，此則傳說反映的是此地人民對神明之事的看重，從盛裝供品的器具、神像的大小樣樣都得斤斤計較，所謂的輸人不輸陣，什麼事都可以馬虎，唯獨神明的事不可以馬虎。

二、神明傳說

　　澎湖此地的神明傳說眾多，除了前節所述和宮廟有關的傳說外，還有一類是講述神明是如何修道成神的經過及顯聖救難的靈感事蹟。關於神明得道

〔註31〕《湖西鄉社區資源集錦》，（澎湖縣立文化中心‧民國八十六年六月），頁六十五。
〔註32〕同註二十七。

傳說這部分，一些較廣為人知的神明，如：玄天上帝、清水祖師、七爺八爺的傳說，和一般台灣地區所見的差不多，至於諸姓王爺的傳說則尚待進一步考證。

（一）玄天上帝

有關玄天上帝修道的傳說是數量最多的，共有五則，說法都不一樣：

上帝公（即玄天上帝）未成神前是一個殺豬的，住在菜堂（寺廟）的附近。有一年過年，菜堂要用豬肉拜拜，要上帝公在五更的時候起來殺豬送貨。當時菜堂外有一隻蚯蚓，每天五更的時候都會啼叫，所以上帝公都是靠蚯蚓的叫聲起床殺豬的。可是這年過年，菜姑（尼姑）燒熱水打掃菜堂，打掃完，熱水隨手往外一潑，就燙死那隻蚯蚓。所以到交貨那天，因為沒有蚯蚓的啼叫，上帝公就睡過了頭，來不及殺豬。這時菜堂的師父就說：「我們來幫忙。」上帝公說：「吃菜人怎麼可以殺豬？」師父說：「沒關係！」然後就對著豬叫：「子（兒子）呀！公（爺爺）呀！來幫忙呀！」上帝公聽了恍然大悟：「原來豬都是人變的！那我也要來吃菜（皈依佛門）。」

有一個菜姑想：「殺豬的也想要吃菜！」就想害他。她跟上帝公說：「要吃菜就要先閉關一個禮拜，這期間不可以吃任何東西。」結果佛祖變成一個女孩，每天送水給上帝公喝，七日後，菜姑打開門一看，「奇怪！怎麼還沒死？」所以又叫上帝公上山砍柴、燒水奉茶，拜完佛祖後才可以吃飯。上帝公到了山上，遇到一隻白虎要吃他，上帝公就說：「虎呀！虎呀！你先不要吃我，等我砍好柴、燒好水、奉茶拜完佛祖後，再回來給你吃，好不好？」老虎點點頭，讓他平安回去。菜姑看到上帝公平安回來，嚇了一跳，「怎麼還沒死？」上帝公拜完佛祖後，跟菜姑講了老虎的事，說他現在要回去給老虎吃，菜姑聽了就說：「快去！快去！」所以人家講：「吃菜的嘴，雷公的心」就是這樣子。上帝公回到山上後，白虎看到上帝公身體會發光，就沒有吃他。這是因為上帝公心地善良，而菜姑壞心，所以菜姑的修行全部轉移到上帝公的身上了。上帝公看白虎沒有吃他，就說：「虎呀！虎呀！你要是不吃我就讓我騎。」結果白虎就趴下來讓上帝公騎，上帝公一騎上去，白虎就飛起來了。上帝公說：「先到菜堂那裡

拜一下再走。」到了菜堂，菜姑一看到上帝公騎著白虎從天而降，
嚇得口中直唸：「阿彌陀佛」。

後來上帝公就騎著白虎飛到了洛陽江。當時那裡有一個名叫毛遂的
人，他用九十九個人頭練了一把七星劍，正準備要開表（試劍）。可
是無論他怎麼卜算，都算出來試劍時會殺死自己。最後他一氣之下，
把七星劍丟入江中。剛好上帝公到達這裡，就撿起這把劍，刺肚而
死。此時神明拿出上帝公的腸肚丟到江中，再給他換上新的菜肚，
讓他復活，不久，上帝公醒來，就變成一個吃菜人了。可是上帝公
的腸肚，被丟到江中以後，變成一隻龜、一條蛇，在江中興風作浪、
危害百姓。後來上帝公知道了，就去收服他們。所以現在上帝公腳
下踩的龜和蛇，就是他當年收服龜蛇二妖的結果。〔註33〕

從前從前聽說在洛陽這個地方，有觀世音菩薩要渡人成仙成佛，所
以就很多人要到洛陽讓觀音菩薩渡。有一群人也要到洛陽讓觀音菩
薩渡，走到半路上時，遇到一個殺豬的，那殺豬就很好奇的問：「這
麼多的人要去那裡啊？」他們就回答說：「我們要去洛陽，那裡有觀
音菩薩要渡人去西方成仙成佛。」那殺豬的想有這麼好的機會我也
和他們一起去吧！走了一段時間，到了洛陽這地方，果然在洛陽的
海邊有一艘船，前面排了許多人，船邊有一個人依序問他們問題。
他問排在殺豬前面的人說：「你今生在做什麼？」那人回答說：「唸
經、拜佛、吃長素已經十幾年了。」又問：「那你的心有沒有清啊？
應該把心剖開才知道。」那人聽了嚇一大跳就跑走了。同樣的問題
又問那殺豬的說：「你殺豬的一身罪孽，怎麼渡你去西方成仙成佛
呢？」殺豬的回答說：「我可以剖開我的肚子，把肝臟、腸胃把它洗
乾淨啊！」船邊的人就說：「好！哪你剖剖看。」他就真的拿著起屠
刀把肚子剖開，拿出腸、肝臟在海邊洗一洗。船邊的人看了就說說：
「可以了，你可以上船了。」然後船就開了，開沒多遠時，殺豬的
就發現海上飄了一具屍體，他馬上通知船伕，船伕就說：「不用去撿，
那是你的肉體，在船上才是你的靈魂，我要渡你到西方學道了。」
就這樣，殺豬的就真的到西方學道了。在學道時，他的腸及肝變成

〔註33〕同註二。頁三十六。

蛇和烏龜在海上作怪害人無數，等到他學道成功要下山時，上天就
告訴他的腸及肝變成妖的事情，要他去收伏他。他說：「我兩手空空
的，要怎麼去收？」天上的神仙就跟他說：「你要向八仙之一的呂洞
賓，向他借背在背上的七星寶劍，才有辦法收伏他們。」他聽了就
去向呂洞賓借七星寶劍，呂洞賓一聽，收妖是好事，就借給他了。
又交代他說：「你用完寶劍，就要馬上還我，劍只要一放手，就自動
會飛回來我的劍鞘。」殺豬的借到寶劍後，就到洛陽去收龜蛇二妖，
收伏他們之後，就用他的右腳踩著蛇、左腳踩著烏龜作為他的腳力，
而手中的寶劍則絲毫不敢放手，這樣才能控制他們。後來他成神了，
玉皇大帝就派他到這世界的最北邊，叫「北極」的地方鎮守，所以
後來就叫他「北極玄天上帝」。〔註34〕

澎湖地區以玄天上帝為主神的廟宇，計有十六座，僅次於關聖帝君的十七座、
觀音佛祖的十九座（請參考第二章第三節〈澎湖的民間信仰〉），所以數量多
是可以理解的。此處玄天上帝的傳說常常和其他傳說複合在一起，成為另一
則傳說的背景說明。如在「蔡端造橋」的傳說中，便往往會提到，洛陽江之
所以危險、洛陽橋之所以難建，都是因為江中有龜蛇二妖作怪的結果，這龜
蛇二妖從何而來？便是當初玄天上帝要成道時，在江邊剖腹洗肚時，所遺留
下來的一副腸胃修鍊成精來的。而在澎湖本地「龜山蛇山」的傳說中，也有
人說這龜蛇二山，其實就是玄天上帝的龜蛇二妖所變，所以他們才會奉玄天
帝為主神，來鎮壓這二個妖怪。

（二）清水祖師

清水祖師，民間通稱為「祖師公」，關於「祖師公」成道的傳說是這樣子
的：

祖師公（即清水祖師）在父母雙亡後，便投靠兄長一起生活。當時
哥哥已經成家，然而嫂嫂對他不但不加以照顧，反而要求他每天燒
飯煮菜。可是因為嫂嫂懶惰，廚房根本就沒有柴火可用，想要煮好
飯菜跟本是不可能的事，但祖師公卻有辦法按時準備好每一餐，所
以嫂嫂就很懷疑他，想伺機一探究竟。有一天嫂嫂從溪邊洗衣回來，

〔註34〕蔡修德先生於八十八年十二月十一日馬公市鐵線里講述，蔡靜蓉、吳烜慧採
錄。未刊稿。

看見祖師公將自己的腳放進爐灶，灶裡就有熊熊的烈火在燃燒，鍋子也熱滾滾的在冒煙。嫂嫂覺得不可思議就大叫一聲，祖師公見狀，害怕嫂嫂對他怎樣，於是便慌張的鑽進爐灶，從煙囪口化為煙霧升天得道了。所以我們現在看到的祖師公臉是烏黑的。〔註35〕

清水祖師是宋朝人，他原來是個殺豬的屠夫。有一天，他看到一個老婆婆在溪邊洗衣服洗得很累，就自告奮勇為她服務。可是無論他怎麼用力洗，髒衣服一放進水中，就變成一面青色的旗子。祖師公覺得很奇怪，就問老婆婆怎麼回事，老婆婆反而笑著問他：「肯不肯做神仙？」他馬上說：「好。」沒想到老婆婆聽了就責備他說：「你整天殺生，滿手血腥，怎麼有資格做神仙？」祖師公聽了很慚愧，拿起屠刀，就把自己的肚子割開，把腸胃掏出來清洗乾淨，表示他的確已經淨身了。媽祖化身的老婆婆看他能夠痛改前非，就讓他做神仙成為清水祖師。後來清水祖師在「清水巖」修道，附近有四個土人，土人相約和祖師鬥法，誰勝了誰就是清水巖的主人。土人把祖師放在洞穴中，用火烤了七天七夜，沒想到他根本沒受傷，只是臉被烤黑而已，所以從此「清水祖師」變成「烏面祖師」。而四個土人就成為祖師的侍從，民間稱他們是張、黃、蘇、李四大將軍。此外，在台灣有一個家喻戶曉、很愛掉鼻子的清水祖師。相傳有一次神像被強盜削掉鼻子，後來雖然經過修補，但每逢當地即將發生災害時，神像的鼻子就會自動掉落，提醒大家早日防範，所以大家都叫祂「落鼻祖師」。落鼻祖師很靈驗，可是脾氣實在不好。如果去拜拜的人，事先沒有先洗淨身體，或是心意不虔誠，這個壞脾氣的神仙，就會拿鼻子出氣，當場掉鼻子。〔註36〕

第二則引文提及祖師公剖腹洗腸胃之事，和玄天上帝成道的經過是很類似的，所以有的傳說便摘取故事的前半段，說是玄天上帝的傳說。可見民間對諸神的傳說，並沒有很明確的分別，往往張冠李戴。有關澎湖的祖師公還有一則有趣的傳說：

文澳（西文）有一間祖師廟（即清水祖師）。相傳有一次，一位王爺到他們村裡作客，吃飽後，竟將他們村裡某個人的魂魄勾走。村民

〔註35〕同註二。頁三十二。
〔註36〕同註二。頁三十四。

不滿，便把這件事告訴祖師爺，請祖師爺做主。祖師爺一聽，勃然大怒，心想村民如此熱情款待他，他卻做出這樣的回報，於是手持斧頭，前去討回公道。祖師爺一到王船，斧頭一劈，就把船尾削掉了。王爺見他滿臉怒相，趕緊將那人的魂魄還給祖師爺。祖師爺對他說：「下次休想再到我們村子作客！要是再來，就將你的船劈爛！」從此那位王爺便不敢再來這裡。而且聽說從此只要有壞王爺做惡，百姓只要大喊「黑面仔來了！」壞王爺就會嚇跑了（傳說祖師爺是黑面的），因為他們怕王船會被祖師爺劈爛。此外，傳說王公廟也是那些王爺不敢來作客的地方。因為相傳王爺是由三十六進士變成的，而王公是他們的老師，他們當然不敢讓老師請客，更別談作怪了。
〔註37〕

王船怕祖師公是澎湖這裡的說法，不知台灣本島是否也是如此。

（三）王爺

澎湖由於靠海，所以很容易在海邊迎到王爺，加以諸王爺間「送往迎來」的興盛，導至目前澎湖王爺信仰盛行，這些王爺到底是怎麼來的呢？一般的說法是和唐太宗李世民有很大的關係：

傳說從前有三百六十位考生進京趕考，考生聚集在一間廟裡看書，結果廟卻塌了，所有考生全部罹難，考生不甘就如此命歸黃泉，因此常常讓皇帝李世民夢到他們的慘狀。李世民不堪其擾，只好夢遊地府，查探實情，考生們便向李世民哭訴冤情，李世民醒後，便封三百六十位考生為進士，是代天巡狩的欽差大人，可先斬後奏，吃縣遊縣，吃府遊府，從此民間便有王爺之傳說。〔註38〕

寮山的北極殿有朱府王爺和五府千歲在鎮殿。千歲爺公的來歷，傳說是以前唐太宗李世民時，有三十六名考生考上了進士，便在宮殿的地下室中吹簫彈琴。李世民路過時，聽見了，認為真是豈有此理，竟然有人在宮中彈琴喧嘩，就憤怒地跺了一下腳。結果一跺便造成地震，地下室整個垮下來，三十六名進士全被壓死，有的變成黑臉，有的變成皺臉、青臉、紅臉。三十六名進士死後陰魂不散，向李世

民表示死的不明不白，李世民也知道這是自己的過失，於是便封了
這三十六名進士為代天巡狩，賜尚方寶劍先斬後奏，後來人民就尊
這三十六名進士為王爺。〔註39〕

總之，不管三十六位或三百六十位，這些冤死的考生得到唐太宗的欽命得以
先斬後奏，遊縣吃縣、遊府吃府，是民間王爺信仰的濫觴，此後，許多受人
敬仰的官吏，死後民間亦以王爺稱之，並加以建廟膜拜。如康王爺及池王爺
便是如此。

相傳唐代有位池姓大人，勤政愛民，受民愛戴。某日，照例出海巡
行，不幸遇上大風浪，因此翻船遇害。當地百姓為感念池大人，便
設立牌位供奉他。玉皇大帝知道此事，便封池大人為「代天巡狩」，
巡行各地，保護人民。傳說池大人死後，有漁民在海上撿到一塊浮
木，便將此塊浮木視為池大人的化身，雕刻成神像，供人膜拜，所
以也有人稱池大人為「海神」。池大人代天巡狩，巡行四處，最後落
腳於澎湖內垵的「內塹宮」。〔註40〕

在唐朝時有一位窮秀才叫康實根，他以教書為生，為人忠厚老實，
他有一個兒子名叫康太，因為從小跟在父親身邊耳濡目染之下，在
七歲的時候已經滿腹經綸。八歲時開始勤練武術，幾年後便中了文
舉人，二十歲的時候，又中了武舉。康太當官的時候，多次為朝廷
打敗盜匪建立功勞，所以被朝廷封為巡撫，他在巡撫任內，政績卓
越，愛民如子，後來又晉升為總兵。四十二歲時，在一次討伐番邦
的過程中，不幸被敵軍傷到手，以致於一手傷殘。戰爭結束後，康
太被三十六名進士陷害，被免去官職，只好告老還鄉。康太回到故
鄉後，繼承父親以前的職業，在故鄉教書，傳授知識。沒過幾年就
病逝了，享年五十歲。他的子孫把他的靈位迎到康太祠，不久，故
鄉的百姓為了紀念他，先為他塑像於在甘肅省的武王廟，然後為他
蓋了一座保安宮，現在澎湖的保安宮為民國前二百六十七年清朝嘉
慶六年遷徙到澎湖來的，初遷到澎湖時，保安宮只是用木條搭建而
成的並沒有興建廟宇。〔註41〕

〔註39〕歐先生於八十七年十二月五日案山講述，歐輝銘、林俊文採錄。未刊稿。
〔註40〕同註二。頁七十四。
〔註41〕薛老先生於八十七年十一月一日通梁講述，郭庭妤、黃瓊嬋、吳曉惠採錄。
　　　　未刊稿。

康、池二位王爺在生為官勤政愛民，死後受封王爺巡行各地，代天巡狩是很理所當然的事，但有的王爺卻封的有些莫名其妙：

> 清朝時期，有一位唐山客到山水這個地方討生活。由於人生地不熟，便暫時住在附近的一個山洞。隔日，因肚子餓，便到村裡找食物。他走進某間屋子看看有沒有東西可以吃，一不小心，撞到桌子，摔破碗，驚醒在屋內午睡的女主人。婦人大聲尖叫，村民紛紛出來探視。他正想衝出去的時候，村內的壯丁已都趕至，他只好躲入床底下。村民手持木棍伸進去打他，但他的功夫十分了得，根本奈何不了他。這時有人提議用火攻，他一聽這還得了。於是，奮力一衝，突破人牆，一路飛簷走壁，躲入一個洞穴中。眾人見狀於是向他丟船錨攻擊，最後砸中了他的腦袋，臨死前他對天吶喊：「我不甘願！我死的好冤啊！」然後便斷氣了。死後他冤魂不散成了二王爺，造成當地一股瘟疫。他認為他當時根本沒有惡意，純粹只是去找食物，卻受到村民不明究理的追打，使他慘死他鄉。所以他心有不甘，便集結了一些孤魂野鬼，駛著王船在山水一帶的海域，大肆作孽，揚言要使山水雞犬不留，全村滅亡。這事驚動了該地區的主神太子爺，太子爺便和他談判，可是談不攏。因為他覺得自己無緣無故被打死，實在是太冤了，他嚥不下這口氣，所以兩人便告到了玉帝那兒。結果玉帝裁決讓他成為王爺，靠縣吃縣，靠府吃府，才結束這件事。
> 〔註42〕

這則故事在《澎湖搜奇》的記載中，主角名周克順，他因調戲良家婦女，而被山水的村民活活打死，死後冤魂不散，危害村里，經村廟王爺出面談判的結果，村人集資為他建了一座祠堂，讓他有個棲身之地。〔註43〕事情雖然圓滿落幕，但留給後人的卻是無限的省思：即使是一個做錯事的人，他的生命也是可貴的，他所犯的錯，應交由法律制裁，個人不能隨便的加以制裁傷害。

三、神明顯聖救難傳說

澎湖此地有關神明顯聖救難的傳說甚多，舉凡上天接炸彈、下海趕丁香、乩童走水面、撒豆成兵……真是上天下海無所不能。而其中最為大眾津津樂

〔註42〕同註二。頁六十九。
〔註43〕薛明卿：《澎湖搜奇》，（澎湖縣立文化中心，民國八十五年六月），頁二十八。

道的便是神明接炸彈的傳說了，這個傳說很簡短，通常是這個樣子的：

> 第二次世界大戰，許多美軍的轟炸機到澎湖來轟炸，可是澎湖並沒
> 有因此受到很大的損傷，傳說是因為媽祖顯靈的緣故。她用她的裙
> 子，在半空中接炸彈，再把炸彈丟到外海去，所以澎湖才沒受到什
> 麼損傷。〔註44〕

> 第二次世界大戰時，美軍來炸電台，我們這裡有東南亞最大的電台。
> 我們的廟是奉祀媽祖的，美國飛機若來丟炸彈，媽祖就出來用裙子
> 接，接了再把它彈到過海的那個沒人的山去，所以二次大戰期間，
> 我們這裡都沒落下炸彈。二次大戰後，媽祖托夢說：「我幫你們擋炸
> 彈，衣服都變得破破爛爛了。」我們去廟裡一看，真的，媽祖的衣
> 服變得破爛了，於是趕緊幫她換新衣服。〔註45〕

> 我們這兒離飛機場不遠，那裏以前曾經有一個美國的機隊駐守。聽
> 說，美國飛行員曾經講過：「喔！你們台灣人怎麼那麼厲害！當年聯
> 軍轟炸澎湖，炸彈落下來的時候，有一個女人用裙子接住炸彈，然
> 後丟入海裏。」也有人說：「丟炸彈時，看到一個鬍鬚很長的人，拿
> 著一枝旗子在揮舞，炸彈都被揮入海中。飛機對著地面掃射時，槍
> 子也都跟著他的旗子走，被旗子揮落海去。喔！台灣人怎麼那麼厲
> 害！」美國人看到的那個女人，就是坤元寺的佛祖媽。用旗揮炸彈
> 的，則是北極殿的上帝公。〔註46〕

接炸彈的神明一般是說媽祖或觀音，但在其他未供奉媽祖或觀音的村子，說
法就便成這樣：

> 日據時代，美國的轟炸機來空襲。有一次，有顆炸彈朝我們這個三
> 太子廟落下來，當時從廟裏跳出一個小孩子，用腳一踢，把炸彈踢
> 到郊外，炸彈在郊外爆炸，所以這個廟就沒被炸壞。他像踢足球一
> 樣，又把另一顆炸彈踢到西台古堡那邊，在那邊炸了一個洞。這個
> 小孩就是三太子的化身。〔註47〕

> 我們這邊說：「飛機不快，李哪吒的風火輪比較快。」這雖然是一句

〔註44〕同註二。頁五十二。
〔註45〕同註十八。頁。一○一。
〔註46〕同註十八。頁。一○八。
〔註47〕同註十八。頁。一○八。

玩笑話，卻是有原因的。以前日據時代，美國飛機來我們這裡丟炸彈，結果三太子在半空中把炸彈背走。開飛機的在後面拼命追，但是追不上。所以我們這裡說：「飛機不快，李哪吒的風火輪比較快。」〔註48〕

最有趣的是這一則：

日本時代，那邊有一個東甲宮，供奉三帝公，這裡有一個城隍廟。美國飛機來丟炸彈，三帝公就和城隍公商量：「這炸彈丟下來，是讓它炸你的城隍廟還是我的東甲宮？」城隍爺說：「你那間廟較小，就炸你那間，不要炸我這間。」所以炸彈就打到了東甲宮。〔註49〕

不知三帝公和城隍公為何不像前述幾位神明一樣顯靈接炸彈，反而商量著要讓炸彈掉到誰的廟裡，實在有趣。不過，講這則故事的是城隍廟的執事，這麼說，或許有嘲笑東甲宮的意味。像這種神明接炸彈的傳說並非澎湖所獨有，台灣各地都有類似的傳說：

屏東縣萬丹鄉萬惠宮「媽祖廟」是萬丹、竹田地區等卅六個閩南村落共同信仰的宗教中心。建築中西合璧名聞遐邇，是全屏東地區最有文化藝術價值的廟宇。當地老一輩的人傳說，媽祖廟正好位在萬丹街的「龍肚」位置上，可以盈聚錢財，為萬丹人製造財富；同時也可以使聖蹟彰顯，庇護村民。媽祖「挈炸彈」的傳說，留下媽祖燒傷指頭的金身和「大鐵彈」供人瞻仰、見證，成為當地人津津樂道的奇聞。根據「萬惠宮媽祖沿革誌」的記載：二次世界大戰期間，盟軍美機來台空襲，要轟炸萬丹街時，常以萬惠宮測炸目標。傳說，當時美軍一共投下四顆重約五百公斤左右的炸彈。其中兩顆在爆炸時，造成多間房屋倒塌，人畜傷亡嚴重。另外有兩顆中的一顆就掉在媽祖廟的前庭，一顆掉在媽祖廟北側一間民房前，均被媽祖顯聖化身美女，以手挽裙接了下來，才未爆炸。飛機竟掉進下淡水溪。事後，村民到媽祖廟朝拜時，看到了道光年間雕刻的媽祖金身竟然雙手大拇指都炸裂了一小節，食指也受了傷，都覺得很訝異，於是扶鸞借乩，擲聖筊請示？聖母降示：因為空襲顯靈，化身「挈炸彈」，不小心手指才受傷。這樁媽祖顯靈的神蹟傳開後，大高雄地區善男

〔註48〕同註十八。頁。一〇九。
〔註49〕同註十八。頁一〇四。

信女紛紛到萬惠宮來頂禮膜拜，欲一睹萬丹媽祖的神采，至於那兩顆未爆彈中的一顆，經測量，高近五尺，直徑兩尺餘，底部裂開一條約卅公分的縫，鐵板的厚度近兩公分。不久，被人把火藥掏空，把尾翼拆下，成為名副其實的「大鐵彈」後，也被放置在萬惠宮廟前金爐邊供人瞻仰。在民間的信仰中，媽祖「顯靈」救苦救難的各種傳奇故事，時有所聞。屏東縣萬丹鄉萬惠宮發生媽祖顯靈，化身美女用雙手去「挈炸彈」，使炸彈沒有爆炸，保護了村民生命財產安全，卻僅燒傷自己手指頭的傳奇故事，可見媽祖神通廣大。不過，這樣的傳聞可能是在民俗信仰上一種穿鑿附會的說法，雖然難以令人相信，卻有一定的宗教意義，讀者諸君不妨姑妄聽聽吧。〔註50〕

從前中國派轟炸機來要炸台灣，在台灣這邊已經有人看到中國派飛機來掃射了，但是因為五年千歲在這裡保護著，祂把子彈給接了起來。而媽祖也現身出來，看到有誰要被射到時，媽祖就把雲退開。最後，這些飛機的駕駛被叫了回去，說：「台灣的女人和男人實在屬害，能夠以雲擋退子彈。」這是馬鳴山的王爺廟，和麥寮、北港、五條港等地的媽祖廟，以及五年千歲這幾間廟宇在保護我們。〔註51〕

對於這類型傳說，流傳的是如此的廣，說的又是如此真實，甚至還留有炸彈、圖片為證，實在很難令人說這些傳說是假的，或發生在哪裡的才是真的，觀世音菩薩大慈大悲尋聲救苦，媽祖廣大靈感普救黎民百姓，是台灣民間最多人信仰的兩位神明，在戰亂當時，叫天不應，叫地不靈，唯一可信賴依靠的，大概也只有這二位神明吧！

　　澎湖神明的顯聖救難傳說雖多，但除了「接炸彈」這個主題是各地區共通之外，其餘的傳說則顯得相當凌散，找不出共同的主題。其實所謂的「顯聖救難」是指神明針對某個地方、某個人民的祈願、需求而顯現的神蹟，各村莊所信奉的神明不同、環境不同、需求也不同，神明所顯現的神蹟自然也不會相同，因此每一則顯聖救難傳說都是一個單獨個體，沒有異說也沒有類似的說法，故在此只提供幾則較神奇的故事作為參考。

〔註50〕黃福鎮：〈萬惠宮媽祖「挈炸彈」救村民〉，(《聯合報‧鄉情版‧台灣真奇廟》，八十九年三月二十一日)。

〔註51〕《雲林縣閩南語故事集　》，(雲林縣立文化中心‧八十八年十二月)，頁一八九。

差不多在五十年左右，中屯是座孤島，居民往來馬公，只靠著海水退潮後才看的到，大概三尺寬一尺高，用石頭堆成的小路。但若漲潮時，路是完全被湮沒的。那時港底有位叫「乩伯」的老乩童，他要到講美捉小豬回來養，去時是退潮，回來時卻已漲潮而無法回去。他在中屯有一個好朋友，那朋友說反正現在漲潮無法回去，不如到他家過夜，等明早再回去，於是「乩伯」便留在他家。在吃完晚飯後，「乩伯」說要出去走走，去了很久卻沒回來，他的朋友覺得很奇怪，因為豬仔還在，而且現在是漲潮，「乩伯」應該是無法回去的才對，怎麼到現在還沒回來？這下「乩伯」的朋友緊張了，趕快要鄰居幫忙找。中屯山並沒有很大，但是他們找了一整夜卻找不到乩童，於是隔天天剛亮，水才退到還有半個人深時，他就叫他兒子拿支扁擔，互相牽著走到港底「乩伯」家。到他家時，「乩伯」正在睡覺，「乩伯」的朋友感到非常奇怪，因為昨晚「乩伯」出去走走時，水漲到差不多二、三個人高，而且「乩伯」又不會游泳，怎麼現在會在家裡睡覺呢？他們就問「乩伯」怎麼回家的。「乩伯」說他當時迷迷糊糊的看見海上有一條白色的路，於是就走回來了。原來當時村裡位孕婦難產來向趙府元帥求救，趙府元帥要來救人，但沒有乩童無法辦事，所以祂就讓「乩伯」走水面回來。〔註52〕

百多年前，那時我們的廟要重修，可是沒有錢，所以漳王就幫我們這些弟子賺錢。漳王指示弟子，某個時辰，在石滬那裡，有很多的丁香，要我們去抓。後來時間一到，我們去抓，真的有很多丁香，所以我們就賺了很多錢。為什麼知道是漳王趕丁香？因為抓完丁香後，祂託夢說他的鞋子壞掉了，要我們替他換一雙。大家想：「奇怪！神明明在廟裡好好的，鞋子哪會壞掉？」於是廟祝就去看，結果，漳王鞋子果然壞了，而且鞋子內還有海砂，這時我們才知道原來是漳王下海去幫我們趕丁香。〔註53〕

湖西鄉林投村的鳳凰廟有尊千歲，據說以前有位漁夫出海打魚，結果卻遇上大風浪，在海上飄浮，這時千歲爺顯靈，腳踏海水去救這

〔註52〕李仁猛先生於八十七年十一月二十一日湖西鄉成功村講述。李美月、劉淑玉採錄。未刊稿。

〔註53〕同註十八。頁一一六。

位漁夫，一不小心一腳踏進海水，把鞋子弄濕了。到現在他坐鎮在廟中，不管信們徒怎麼更換鞋子，鞋子卻始終都是濕的。〔註54〕

前文雖一再提及，澎湖的神明都很靈驗，斬妖伏魔、濟世救人無所不能，但祂還是有吃鱉的時候，請看這則故事：

在幾十年前，漁翁島上有一位擅長邪術的人，他叫馬狗販，他以自己已有的邪術，再加上研究，獲得了擒神的獨特本領。於是他走遍漁翁島各個村廟，把有的神都捆綁回家，然後把神一個個的裝進了他特製的瓶子裡，接者就把瓶子塞進床底。有一天，馬狗販又到馬公想綁回更多的神，家裡就剩下一位仁慈的老婆。這一天，床底下發出陣陣尖銳求救哀號的叫喊聲，她的心被一陣陣的哀號，刺的痛楚難禁，於是她顧不了後果，毅然的從床底下搬出了瓶子，把瓶蓋打開，只聽呼嘯一聲，諸神便騰空而去了。馬狗販自從綁神得逞後，他又進一步的想把全澎的神都擒拿封閉，使人們相信他才是一位邪法無邊的大神明。有一天，他到了東衛里天后宮，想綁走主神媽祖娘娘及魯班公，他進了天后宮，只聽口中念念有詞，媽祖娘娘就輕易的讓他給綁起來了，但回頭他又想如法綁走魯班公的時候，可不那麼容易了。魯班公任他如何的施法，就是無法把祂綁走，祂更口吐紫光，使馬狗販無法近身，同時噴出火焰，將馬狗販灼傷，使他不得不狼狽而逃。後來他又到馬公案山的北極殿，當他進入了極殿的後殿後，又悉數的將康王、溫王、朱王捆綁了起來，就是唯有大帝公任他如何的施法，也搬不動祂，這一次他有了東衛險些喪命的教訓，就不再執意捆綁上帝公了。但是當他捆綁諸神踏出廟門的時候，突然一陣風呼嘯而來，把他吹倒在地，暈迷了過去。這一意外驚動了全里的善男信女，就在北極殿裡升壇請示神明，據說，當時上帝公怒責諸弟子說：「難道你們還不知情嗎？整個廟社只有本帝未被此人綁走外，諸位列神都被他綁走了，這對他只是一種處罰，他的死活諸弟子別去過問，任由他吧！」當時馬狗販已奄奄一息，待一位善士把他抬到馬公一家醫院時，已告斷氣多時了。〔註55〕

〔註54〕盧文賢先生於民國八十七年十一月一日湖西村講述，盧淑惠、陳珮珊採錄。未刊稿。

〔註55〕薛明卿：《澎湖搜奇》，（澎湖縣立文化中心·民國八十五年六月），頁一二四。

（原文略有刪節）

這則故事在本類傳說中，可以用「異類」二字來形容。在其他眾多的故事中，無不對神明極盡尊崇之意，但此則故事卻讓一個行邪法的人，將眾多的神明禁閉在瓶子裡受苦受難，雖然行邪法的下場是可以預料得到的，但這則故事的確讓澎湖的神明顏面盡失。雖然大部分的神明都神威顯赫的濟世救人，但和人一樣，神明當中也有敗類，竟然強搶民女，以致遭受天譴：

> 石泉有個秀才，他的太太很漂亮，可是卻無緣無故的死掉。沒多久，有人跟他講說：「你太太沒死呢！每天都在那廟裡進出。」「哪有可能！我太太是我親自埋葬的！」他半信半疑的跑到廟裡去看。果然看到一個女人走進廟裡就不見了。他覺得很奇怪，怎麼會這樣子？他想了想，太太大概是被廟裡的王爺捉去當老婆了。「王爺應當要保護鄉里，怎麼可以與民爭妻？」他很生氣又很傷心，沒辦法，他就黃紙寫了一封狀子，向玉皇大帝告狀。我們這邊的民俗，告狀一定要用黃色的紙叫做「黃榜」。到了當天十二點，他就跪在庭院中，向上天、玉皇大帝告狀，說完就當場把黃榜燒了。沒多久，也是中午十二點的時候，人們忽然聽到廟裡發出「扣！」的一聲很大聲，大家都跑到廟裡去看，原來王爺（神像）的頭被砍下來了。〔註56〕

由這則傳說可以看出，善惡到頭終究是有報的，王爺雖然貴為神明，但犯了錯，還是得付出斷頭的代價，可見冥冥之中，報應還是有的。

四、結語

若單看這些傳說，想必有不少人以為，澎湖的神明既然是如此的威靈赫赫，其寺廟必定是香火鼎盛，富麗堂皇。其實就筆者個人所見，除了赤崁的龍德宮真的可以稱得上「大」外，其餘多是很普通的廟，甚至是毫不起眼的小廟；大白天的也沒什麼香客。雖說廟不在大，有神則靈，但看了這番景象，不禁使人要問：這麼小的地方、這麼少的人口、這麼不起眼的廟，這麼會有這麼多神奇的事產生？

首先，須明瞭信仰乃源於人們對消災祈福之願望與需要，由於人們對本身所遇之福、所遭之禍，找不到合理的解釋，因此便寄託於神秘的事物、神秘的力量，由此，便發展出一個豐富、龐大的信仰系統，澎湖此地所擁有的

〔註56〕同註十七。頁一一八。

眾多廟宇、眾多神明及眾多的廟宇神明傳說，皆源於此。其次，須了解在這窮鄉僻壤的小島上，宮廟（神明）在澎湖所具有的作用。

第一是心理的作用。人類之所以異於動物者，在於物質生活外，尚須精神生活的寄託，對於知識水準較高的人，文學、音樂、藝術都可以是精神上之寄託，但是澎湖人民的教育程度普遍較低，文學藝術對他們而言太高深了，唯有神明的庇佑才是他們最好的精神支柱。加上澎湖人過的是看天吃飯、以海為田的生活，在那科技不發達的時代，只要一出海，一片蒼茫東西難分，能倚靠的也只有那無形無相的眾神明，使他們在面對茫茫大海時有較大的安全感，對未來也寄以無窮之希望。

第二是指導的作用。在以前教育不普及的時代，日常生活中，需要有一套能指引人們生活的準則，而宮廟便提供了這樣的功能。舉凡店面何時開張、房子何時動土、孩子生病、女兒出嫁、捕不到魚、雞不下蛋……等事，均可以到宮廟裡徵詢神明的意見，求得解答或處理辦法，如此，使得一切生活行事循循有序。同時如果行事均依照神明指示，即使未有好的結果，亦不至於過分自責或遭人非議，而被視為命當如此，減輕心裡的負擔。

第三是豐衣足食的作用。大體上來說，澎湖大部份的居民收入有限，所以日常的飲食、生活都相當簡單樸素，如果不從簡就容易遭人誹議，如此一來，即使是經濟情況較好的人家，在物質上的享受亦不敢過份奢華。而參與偶爾舉行一次的宗教活動，正好給予人們盛裝打扮、準備豐盛菜肴的機會，滿足短暫的物質享受。

第四是團結的作用。澎湖大多數的村莊，在平時，村民有出「丁口錢」，漁船有「抽份」的義務，每遇宗教慶典，則動員全村的人力舉辦活動，外出的人，不但返鄉團聚，而且踴躍捐款給宮廟，無形中加強了村裡的整合與團結。因為活動的成敗，關係著全村的福祉及名聲，如果辦得不圓滿，是會遭到他村恥笑的。所以在前面的傳說中，我們可以看到，西溪、紅羅二村，為什麼會在迎神繞境的活動中，雕刻出一尊比一尊大的神像，為的就是全村的名聲與福祉。因此藉著宗教活動的進行，可以使全村村民產生與該村福祉休戚相關的集體意識，結合成平時不易見到的團結合作現象。

第五是娛樂的作用。一般的漁村生活，幾乎可以說是刻板困苦，沒什麼娛樂的，唯有神明慶典的來臨，才能使這種生活有所改變，例如元宵乞龜、普渡、迎神、繞境等活動，往往吸引大量村民圍觀，如果遇到廟宇落成或迎

王、送王等盛大活動，外出工作或已出嫁的婦女都會趁這個機會回鄉與大家同樂，若有聘請各種民間遊藝團體或歌仔戲、布袋戲來演出助興，大家往往會很興奮的期待。所以為了祈求神明保佑，往往不惜人力、財力儘量舖張，並且動員全村人員，以達到娛樂的目的。

第六是交誼的作用。舉行宗教活動，可以使本村與其他村子的人們發生交誼的作用。比如說外垵的溫王宮有兩間「交陪廟」，一為池東的聖帝廟，一為竹灣村的大義宮。平時，兩村幾無其他交誼機會，但是藉著溫王與關聖帝誕辰慶典，三個村子彼此互相遊行拜拜，不僅趁機聯絡感情，更促進村與村之間的合作，把彼此的關係拉得更緊。〔註57〕

簡單的說，因為神明的陪伴，使得他們不孤單；因為神明的保護，使得他們有奮鬥的勇氣；因為神明的存在，使得生活更豐富。這不是迷信，而是一種精神力量，一種心靈上的倚靠。若是沒有了神，何以在這寸草不生的地方生存奮鬥呢？藉著神明的庇佑，讓他們有努力的方向，若神明稍有靈驗，便大加宣傳，感念神恩的浩蕩，久而久之便形成這一則又一則的傳說了。

由這些寺廟神明傳說建構出來的，其實是一個人神交融的世界，透過乩童的傳達，人神可以直接溝通，平時只要能誠心誠意的加以燒香祭拜，危難時，神明自然會施以援手。而神明的法力有高有低，也不是所有神明都會愛護他的子民，但一層一層上去，總還是有個玉皇大帝，可以給百姓一個公道。其實，這個神明的世界，不就是現實世界官場的延伸，有大官、有小官、有愛民如子的官、有魚肉鄉里的官。在現實的世界中，好官似乎總少了些，幸好神明的世界中，善佑黎民百姓的還是居大多數，這大概是天然環境非常艱困的澎湖，寺廟神明傳說如此多之原因吧！

第二節　鬼怪傳說

澎湖由於地處偏僻，加以人口稀少，故某些人煙罕至的地方，便流傳著一些鬼魅精怪的傳說，這些傳說依其內容可大別為二類，一類為神怪傳說，一類則為俗稱的「鬼故事」，以下分別述之。

〔註57〕以上六點參考曾瑪莉：〈澎湖漁村的宗教信仰〉，(《民族與華僑研究所學報》，民國七十三年六月，第四期)，頁八十一。

一、神怪傳說

西嶼外垵一帶，流傳著一個豬母精的故事，故事是這樣的：

有一個大概是大池角的女孩嫁去外垵，外垵因為靠海，所以都是靠抓魚為生的，只要到海裡去抓魚，衣服就會溼掉，所以從海裡回來後，就要換掉衣服啊，可是從前的經濟不是很好，沒有很多衣服可以換，所以只要一遇到連續好幾天下雨就糟了，因為換到最後就沒衣服可以換了。沒衣服可換要怎麼辦？這個大池角的公公，乾脆就不穿衣服，可是這個女孩蠻害臊的，也不習慣看到這種情況，於是就躲在房裡不敢出來，結果公公就很生氣的說：「你這個懶惰媳婦，該做飯、該做工作都不出來，整天躲在房裡，真是有夠懶惰，你一定會被妖精吃掉。」這個話讓媳婦很難過，因此就跟他先生說她要回娘家，走啊走，走到內垵村一個叫「風坑」的地方，愈想愈難過，就在那邊自殺了。那時候沒有車，凡事都是要靠走路，從外垵走到她的娘家，從早上出發的話，大約要傍晚才能到家，後來雙方的人都覺得到很奇怪，娘家的人說，聽女兒說要回來，怎麼一直都沒有看到她的人？這個夫家的人也說，這個媳婦說要回娘家，怎麼這麼多天還沒有到家？因此大家就去找，找找找，找到最後才發現她已經死在樹叢裡面。我們這邊有一個傳說，說是屍體只要沾到露水就會變成妖精，所以從屍體埋葬後，每天大概傍晚的時候，「風坑」那裡就會出現一隻很大很大的豬母，牠喜歡捉弄過路的行人，追著人家跑或者是咬人家，所以大家都感覺很恐怖，晚上都不走那個地方。有一個西嶼北部村落的一個土水師，他是一個很大膽的人，而且也學了一點法術，所以自視法力高強，天不怕地不怕的。有一次他到外垵去工作，一直到傍晚才回去，回去的時候正好經過風坑，那隻豬母精就出來追他，他雖然有法術，可是那豬母真得好大好大，什麼法術對牠都沒有用，所以他就被一直追，一直追到了鄰村赤馬，這隻豬母精才不追。因為一進入赤馬，馬上進入「樊桃宮」的範圍，那個樊桃宮的王爺蠻靈的，所以牠不敢隨便入侵，只能在內垵和赤馬之間作弄行人。這個土水師忍不下這口氣，他說：「憑我的法力，你竟然敢作弄我，明天你就不要讓我遇到，如果讓我遇到，就非收拾你不可。」他知道這一次輸牠後，牠一定還會再來欺負他，所以

第二天上工前，他就先在半路的地方用建築房子用的墨斗畫了個八卦，做預防工作，因為八卦可以鎮邪收妖，一進去以後，要是不懂的話就跑不出來了，準備好後，他又去上工了。這天他就故意做的很晚，然後慢慢的從外垵走回來，走到風坑時，那隻豬母精又出來追他了，他就說：「好，我今天就要讓你消失。」他就一邊抵抗一邊跑，慢慢引誘豬母精跑進八卦裡，他曉得怎樣走出來，就很順利逃出八卦，可是那個豬母精不曉得門路，在那邊東轉西轉，東跑西跑，怎麼也跑不出來，就這樣一直跑到天亮。天亮後太陽出來了，豬母精一看到陽光就慘叫一聲，化成了一陣煙消失了，從此這個村子就沒有再出現這個豬母精了。〔註58〕

故事中的媳婦因為害羞避嫌，因而受到公公的指責，死後化身豬母精捉弄過往行人，或許只是為了一洩心中的怨氣，並無惡意，但此種行徑到底為天理所不容，故有如此之下場。由這個故事中可以知道，澎湖各村落的宮廟，皆有其管轄範圍，〔註59〕所以豬母精只能在內垵和赤馬之間二不管的地方作祟，因為一進入村莊，便會受到鎮守的神明（五營兵馬）制裁。另一則神怪傳說也是發生在西嶼：

傳說從前在西嶼捕到的魚都是又瘦又小的，數量也很少，漁夫常常捕了好幾天的魚，卻還只有一點點而已。有一天一個老漁夫划著小船出去捕魚，經過一個無人島時，看到一個女孩子在跟他求救。老漁夫便停下來讓她上船，女孩很著急地要老漁夫把她帶走，因為有人在追她，老漁夫聽了便趕緊把她載走。安全之後，女孩無意間看到老漁夫的網子都沒有魚，便問老漁夫怎麼回事？老漁夫就嘆氣的說，最近這幾天都捕不到魚，就算捕到了也是瘦瘦小小的。一會，老漁夫發現怎麼沒有聽到女孩的聲音，轉身一看，女孩全身居然都是濕的，老漁夫以為女孩受到驚嚇病了，女孩連忙說不是，並要老漁夫把海中的網子拿起來看看，捕不到魚的老漁夫根本不想看，但在女孩堅持之下沒辦法，便將網子收起來，一看，天啊！網子裡抓

〔註58〕陳宏利先生於民國八十六年七月二十八日馬公市講述。彭妙卿、姜佩君採錄。
未刊稿。

〔註59〕一般澎湖的宮廟，皆會在所在地村落的東西南北四個邊境，設五營兵將鎮守，
以防邪魔外道的入侵。

到的居然都是那種又肥又大的魚，老漁夫很驚訝，連續下了幾次網，都是這種肥魚，心裡非常高興。等他知道這女孩無依無靠後，當場就收這女孩為乾女兒並把她帶回家中。之後老漁夫每一次出海，就會帶女孩一起去，結果每次都是豐收。有一天，女孩突然很傷心的跟老漁夫說她必須要離開了，原來這女孩是海龍王的三公主，因為到凡間玩時遇到土匪搶劫，幸好遇到老漁夫救了她，所以她才報恩當他的女兒幫他捕魚。三公主依依不捨拜別老漁夫後就離開了，三公主離開之後，大家在那裡捕的魚還是那種又肥又大的魚，所以就叫那裡為肥魚灣。〔註60〕

這則傳說與編號五五五「感恩的龍宮王子（龍女公主）」的故事類型有些類似：都是男主人公無意中救了龍女，因而善有善報得到龍女的報答。但在內容上，這則「肥魚灣」的傳說簡單多了，並沒有後續在龍宮得寶或娶龍女為妻的情節，應該算是一則比較單純的報恩故事。〔註61〕和龍女有關的傳說，還有以下這一則：

澎湖附近有一個美麗的小島。有一天，龍王的公主出來遊玩，看到這個小島，很喜歡，便搬到這裡住。後來，在一個颱風天中，來了一個躲避風雨的少年，公主很熱情的招待他，結果彼此就喜歡上對方。不久這件事情被海龍王知道了，非常生氣，因為他不容許心愛的女兒和凡人交往，所以就強迫兩人分離。但是公主不肯，因為她實在非常喜歡這個少年。龍王因此大怒，就把公主變成金珊瑚，讓她永遠住在海底，又把少年變成醜陋的鱷魚。但他們還是彼此愛著對方，所以鱷魚時常圍繞在金珊瑚的四周，而且只要有人要採珊瑚，鱷魚就會出來嚇走他們，以保護公主。〔註62〕

此種有關「龍女」的故事，中國較早且較完整的記錄，首推唐人傳奇中李朝威所記的〈柳毅傳〉。〈柳毅傳〉一文描寫落第書生柳毅途經涇河，遇見洞庭龍女牧羊荒郊，龍女自謂在涇河夫家備受虐待，要求柳毅傳言到洞庭湖，事為其叔錢塘君所知，出兵討伐，吞了他的丈夫，因感柳毅傳書之情，遂以龍

〔註60〕林小姐於民國八十六年一月十六日馬公講述，曾雅卿採錄。未刊稿。
〔註61〕丁乃通：《中國民間故事類型索引》，（北京中國文藝出版社・一九八六年七月），頁一九一。
〔註62〕姜佩君：《澎湖民間傳說》，（台北聖環出版社・民國八十七年六月），頁二〇二。

女嫁之。此種人與龍女結為夫妻之事，一般認為是受印度佛經的影響，佛經中屢屢有「龍女」的記載。後秦鳩摩羅什譯的《妙法蓮華經》裡，記載龍女成佛之事，這是中國典籍中最早有關「龍女」的記載。〔註 63〕此後，有關龍女的活動便屢屢出現在與佛教相關的典籍中。王夢鷗說：

> 人與非人互婚之傳說，自昔有之，且其所為互婚者，種類頗多。至
> 於龍女之幻作人形以偶世人，則出自佛書。佛書中人龍雜糅，故婚
> 配故事似平常……。〔註64〕

王先生所言甚是。此種佛經故事傳入中國後，漸漸脫離佛教思想，而以民間故事的型態流傳，對於這種印度故事轉化中國故事的過程，季羨林說：

> 印度人民首先創造，然後宗教家，其中包括佛教和尚，就來借用，
> 借到佛經裡面去，隨著佛經的傳入而傳入中國，中國的文人學士感
> 到有趣，就來加以剽竊，寫到自己的書中，有的也用來宣揚佛教的
> 因果報應，勸人信佛；個別的故事甚至流行於中國民間。〔註65〕

據閻雲翔的研究，龍女故事的類型有五種：一、感恩的龍女類型。二、龍女與凡人婚配類型。三、張羽煮海類型。四、祈雨行雨類型。五、龍王龍女助人類型。這五種類型中，以第一類和第二類所佔比例最多，幾乎主導了以後龍女故事的發展，〔註 66〕而澎湖所見的二則龍女故事，正好就分屬前二類，可見龍女故事流行區域之廣大。

二、鬼故事

自古以來，中國有關鬼的傳說便極為豐富，六朝的志怪小說便是代表。譚達先認為：「鬼的傳說，是一種文化現象，也是民間文學遺產中重要的組成部分。」〔註 67〕但就手中搜集到的資料來看，澎湖的「鬼故事」實在不多，完整、具有可看性的只有十則左右，曾經有人開玩笑的說，這是因為澎湖的

〔註63〕《妙法蓮華經·提婆達多品》：「有娑竭羅龍王女，年始八歲，智慧利根，善知眾生諸根行業。」（台北世樺出版社·民國七十七年三月），頁一一二。

〔註64〕王夢鷗：《傳統文學論衡》，（台北時報公司·民國六十五年三月），頁二二六。

〔註65〕季羨林：《中印文化關係史論文集》，（北京三聯書店·一九八四年五月），頁一二四。

〔註66〕以上參考王方霓：《龍女故事研究》，（台北文化大學中文所碩士論文，民國八十二年五月），頁一四〇。

〔註67〕譚達先：《中國描敘性傳說概論》，（台北貫雅圖書公司·一九九一年五月），頁三五九。

神明都太厲害、太盡責的緣故，所以一些鬼魅都不敢出來隨便遊蕩鬧事，自然也不會有什麼鬼故事產生。雖然是玩笑話，但從搜集到的「神」、「鬼」故事的數量來看，似乎也有幾分道理。澎湖所見的鬼故事不但不可怕，甚至還有三則很奇特的「人吃鬼」的故事。

> 以前的澎湖人大部是靠捕魚維生，生活的十分清苦，我的祖父也不例外。大約八十年前，那時候我的祖父為了一家人的三餐，每天晚上都拿著網具到海邊撒網捉魚，有一天晚上，他照常到海邊撒網捉魚，結果收獲不錯，網到一籮筐的魚，他就很高興背著魚簍回家了，但是回到家中把魚倒出來一看，真是不可思議，魚竟然都變成石頭了。第二天早上，他往海邊的路上走去，發覺差不多每隔二十步就有一條魚在地上，他把魚檢起來一看，竟然每一條魚都沒有眼睛，真是太奇怪了，但是他還是把那些魚帶回家去。到了當天晚上他還是照樣去捕魚，到了海邊卻看海上有一團黑黑的東西，好像還有聽吵鬧的聲音，他就順手拿網子往黑處一撒，然後拉起網子一看，竟是一塊木材，他就很生氣將那塊木材帶回家，點了一把火，將那一塊木材燒成灰爐，並將那些灰爐跟米酒一起吞到肚子裡。隔天晚上，他還是到海邊捕魚，卻聽到有人喊著「吃鬼的人來了！」「吃鬼的人來了！」「快點跑！快點跑！」從此就不再有奇怪的事發生了。〔註68〕

> 傳說有一個人去海邊撒網捕魚時，捕到的每一尾魚居然都沒有眼睛，「活跳跳的魚怎會沒有眼睛？」他不甘心，隔天再去，這次他把新鮮的魚放在漁網中等吃魚眼睛的人，等沒多久，發現漁網中的魚似乎在逐漸減少當中，他就趕快把網收起來，結果網中有一塊骨頭，而且還會哭。這個漁夫就說：「你不知道挖了我多少魚的眼睛？我要把你的骨頭拿回去吊起來曬。」吊了一晚，那個鬼苦苦哀求他說：「求求你放了我吧！我以後再也不敢挖魚的眼睛吃了．」漁夫說「好！」但是天一亮，他就把那塊骨頭輾成粉末當下酒菜吃。隔天漁夫再去捕魚時，就聽到有鬼說：「趕快走！趕快走！吃鬼的人來了！」〔註69〕

〔註68〕陳順笑女士於八十七年十一月二十日蒔裡講述，陳美慧、楊雅如、許雅婷採錄。未刊稿。

〔註69〕劉大於八十八年六月十四日仁愛之家講述，王祥霖、梁忠瑋、張詩紋採錄。未刊稿。

魚眼據說是一種相當美味的食物，是老饕們的最愛，但是居然連鬼也愛好這道美食，同時也因此而招來殺「身」之禍，實在很有趣，但也值得深思。在筆者的想法中，澎湖這種偏僻荒涼、人煙稀少的地方，按理說應該有許多可怕的鬼故事，但實際上不僅搜集所得不多，而且居然還有三則是講述鬼是如何被人吃掉的故事，這種情況實在很值得探討。

　　台灣話形容人窮到極點時會說：「窮到鬼都怕你」，這句話如果反過來說，人窮到極點之後，是不是可能連鬼都不怕？反正已經是一無所有，沒什麼好損失的，乾脆就豁出去跟他拼了。這三則故事中，吃鬼的人都是靠捕魚為生的漁夫，可以想見的是他們的生活應該不怎麼好過，甚至是清苦且艱困的，而偏偏這些鬼對他們賴以維生的魚貨加以玩弄，這種情況對這些漁夫來說，絕對不會是一件愉快的事，狗被逼急了會跳牆，人被逼急了只好反過頭來捉鬼以求生存、吃鬼以求洩恨。六朝小說中有「定伯賣鬼，得錢千五百」的故事，南陽宗定伯捉了鬼之後，鬼著地化為一羊，被捉到市集中賣了一千五百元。〔註70〕澎湖的這些鬼，被網捉住後，不是變成木頭就是骨頭，無法賣錢，只好吃下肚子消氣了。除了「人吃鬼」的故事外，還有三則「水鬼作城隍」的故事也很值得探討。其中二則是這樣的：

> 以前在青螺的北嶼山腳下住著一位漁夫。一天，漁夫照往常一樣出海捕魚，卻遇到一個水鬼，他起初心裡很害怕，但這位水鬼對他很友善，久而久之就成為好朋友。由於水鬼需要找人做替死鬼才能投胎，故水鬼時常在找機會。但每當有機會或知道某村有人將要往生時，漁夫總會用很和緩的語氣告訴水鬼說：「你看，在這裡喝酒、釣魚、賞月不是很好嗎？何必急著去投胎呢？」水鬼也很聽漁夫的話，不去傷害別人，就這樣一年拖過一年。時間過得很快，轉眼就過了十三年。這天，水鬼告訴漁夫說：「我要去林邊做官了。」漁夫很驚訝的問為什麼，才知道如果水鬼連續十三年不害人，就能成為城隍爺。於是他們就依依不捨的分手了。有一天，漁夫要到台灣去看正

〔註70〕南陽宗定伯，年少時，夜行逢鬼。問曰：「誰？」鬼曰：「鬼也。」鬼曰：「卿復誰？」定伯欺之，言：「我亦鬼也。」鬼問：「欲至何所？」答曰：「欲至宛市。」鬼言：「我亦欲至宛市。」共行數里。……行欲至宛市，定伯便擔鬼至頭上，急持之。鬼大呼，聲咋咋，索下。不復聽之，徑至宛市中。著地化為一羊，便賣之。恐其便化，乃唾之。得錢千五百，乃去。於時言：「定伯賣鬼，得錢千五百。」見《太平御覽》卷八八四引《列異傳》。

在蓋房子的兒子，到了半途卻將盤纏用光了，這時無意間遇到那位已經當了城隍爺的水鬼，兩位很久不見的朋友就互問近況如何。城隍爺說：「雖然廟裡的香火蠻旺的，但是香油錢很少。」又問漁夫說：「你怎麼了？這麼落魄？」漁夫把事情一五一十的說出來。城隍爺為了幫助好朋友，就將他僅有的一匹泥馬借給漁夫，讓他去賣錢做盤纏。隔天，泥馬的新主人要餵馬，卻發現新買的馬變成一匹泥馬。不久，經口耳相傳，村民都認為這是城隍爺顯靈，告知村民祂需要用錢，於是村民紛紛前往拜拜，添香油錢，結果城隍廟就這樣興旺起來了。〔註71〕

日據時代，忠烈祠那裡的海邊有一個水鬼。有一個人很窮，每天晚上都去那裡釣魚。這人很愛喝酒，釣魚時也喝，喝時拿花生來配，要是吃到比較苦的，就丟在石頭上，那水鬼見了便去撿，他們就這樣成了朋友。以後那人每次去釣魚，都會多帶點酒給水鬼喝，水鬼則讓他多釣些魚回去賣，可以有錢去買酒。

過了三年，水鬼可以「討交替」了。有一晚，他對釣魚的人說：「明天天亮的時候，會有一個女人走海邊的這條路去馬公的廟拜拜，她提的籃子會掉落到海邊，她去撿的時候，我就可以向她討交替，讓她我下海去。今晚我是來向你辭行的，以後不能再和你一起喝酒了。」那釣魚的人聽了，心想：「如果水鬼討了交替，我釣魚就沒伴了，也沒有許多魚去賣，喝酒也成問題了。」於是他一早就去守在路邊，不久，果然見到有個女人走來，也果真不小心把籃子掉落到海邊。當那個女人要去撿的時候，釣魚人急忙對著她喊：「不能撿！不能撿！」並且立刻跑過去抓住她，使水鬼不能向她討交替。第二晚，釣魚人照常去海邊釣魚，水鬼來責罵他：「喔！我把事情跟你講了，你就去救她，讓我不能討交替！」釣魚人說：「啊！朋友啊，不要這樣生氣！我窮得這樣子，靠釣魚過生活，壞天氣也不能來，你就幫忙我多釣些魚吧！讓我可以生活下去，喝酒也有個伴。」水鬼聽了也不好再說什麼。

不知不覺又過了三年，水鬼又告訴釣魚人，他可以去討交替了。這

次是一個男的，他戴了一頂帽子，早上八點多經過海邊這條路時，帽子會被風吹飛到海邊，那人去撿的時候，就可以向他討交替。釣魚的人一聽，心想：「好啊！你又來了。」這一天很早就到路旁去躲起來看。真的，八點多的時候，有個戴帽子的老年人走來，靠近海邊的時候，帽子忽然被風吹飛到海邊。那人要走過去撿，釣魚人急忙跑出來喊：「阿伯！阿伯！不要去撿帽子，不要去撿帽子。」並且趕快過去把那老人擋住。就是這樣，釣魚人又救了一個人的性命。

到了第三個三年，釣魚人又在那裡拉住了一個要跳海自殺的人。水鬼討不成交替，沒法去轉世，祗好一直在那裡和釣魚人一起喝酒，讓他多釣些魚。有一天，水鬼又告訴釣魚人要和他分開了。「你是不是又要害人了？」釣魚人問。「不是啦！這次是要去臺灣做土地公了！」水鬼說。「真的？要去臺灣做土地公？那我想你要看你時怎麼辦？」釣魚人又問。「你在晚上來，晚上差不多八、九點沒有人拜拜時來。」後來，有一天，釣魚人去臺灣探望水鬼，做了土地公的水鬼給他一袋銀票，對他說：「這袋銀票你不可以留喔！儘量買東西，米呀！簽呀！什麼都買一點，並且明天雇船就回去。錢不要留，一定要用完它。」於是釣魚人去買了好幾袋的米，差不多用了三分之一的錢，剩下的捨不得用，就帶回家去。回到家裡，打開袋子一看，那些銀票都變成了金紙。〔註72〕

這一型故事是中國地區很常見的一個類型故事，最早見於蒲松齡《聊齋誌異》中的〈王六郎〉，類似的故事也見於其他清人的筆記小說的記載。〔註73〕從各書所記推斷，這一型的故事流傳在山東、江蘇、湖南和雲南等地，是一則傳播很廣的民間故事。民國以後，鍾敬文依據當時流傳的民間故事，將這類型故事定名為「水鬼與漁夫型」其基本結構如下：

一、一漁夫得水鬼之助生活順利。

二、一日水鬼向他告別，謂將得替身轉生為人。

〔註72〕金榮華：《澎湖縣民間故事》，（台北中國口傳文學學會·民國八十九年十月），頁一二七。

〔註73〕張泓：《滇南憶舊錄·成公祠》、曾衍東：《小豆棚·折腰土地》、樂鈞：《耳食錄·南埜社令》、梁恭辰：《東北園筆錄·溺鬼自拔》、許秋垞：《聞見異辭·鬼升城隍》。見顧希佳：〈清代筆記中水鬼漁夫型故事的比較研究〉，（《杭州師範學院學報》，一九九七年三月第二期），頁二十六。

三、漁翁破壞了計劃（或水鬼自已未實行自已的計劃），他仍留得不去。

四、不久，水鬼得升土地公或城隍，復向漁翁辭行。

五、他們以後，或一度再見，或永不相見。〔註74〕

　　澎湖的這二則故事，完全符合前述鍾敬文先生所述的基本結構。其中第一則引文是屬於「水鬼未實行自已的計劃」，按照金師榮華所新增之分類號碼，屬於 AT 七七六「水鬼與漁夫──落水鬼仁念放替身」類型。第二則是屬於「漁翁破壞了水鬼的計劃」，為 AT 七七六 A 之「水鬼與漁夫──漁夫義勇救替身」之類型。這二種類型，據顧希佳的研究：

> 在清代筆記中，一律是水鬼自己出於憐憫讓替身不死，而放棄了轉世做人的機會。但當代採錄的這組異文中則不然，十個異文中除了寧波、上海兩地採錄的異文是水鬼自願之外，在另外八個異文中都不約而同地出現了「水鬼要害人，漁人設法阻止，水鬼遷怒於漁人，漁人向鬼講明做善事的道理」這樣一系列情節。〔註75〕

關於此種轉變，金師榮華認為：

> 從故事的原始結構看，主角是水鬼，漁夫只是個旁觀者，他的作用是把落水鬼的仁念，和上天對落水鬼的嘉獎傳達給聽眾或讀者。落水鬼擔任土地或城隍後，邀漁夫往訪，既附會於一地之實物，更顯示落水鬼仁心受獎勵之事為不誣。如果把替身之逃過劫難說是漁夫的見義勇為，則是漁夫成為主角，落水鬼是它的陪襯而已，那麼落水鬼的受獎，便沒有了著力點。並且，落水鬼仁念是以犧牲自己的利益（投胎轉世）為代價的；漁夫的見義勇為，固然是有著「民胞物與」的博愛精神，但是被犧牲的卻是他「鬼友」的利益，況且落水鬼不去轉世，仍可來幫他抓魚，和他喝酒聊天，對他還是有利的。因此，故事的情節若改成「漁夫義勇救替身」，則故事意義和震撼力都減弱了。〔註76〕

金師所言極是，民間故事的基本結構，常是流傳千百年而不變的，但是次要的情節及人物，則往往隨著時空的轉換而產生改變，此即民間文學之「變異

〔註74〕鍾敬文：《鍾敬文民間文學論文集（下）》，（上海文藝出版社，一九八五年六月），頁三四三。

〔註75〕同註七十三。

〔註76〕同註七十四。

性」。這些產生於後代的情節，紛然雜陳，各具姿貌，顯示了故事在傳播中的多元性及錯綜性。

三、結語

澎湖此地俗謂：「澎湖有三多：廟多、墳墓多、蒼蠅多。」見之於故事，「廟多」果然傳說也多，但「墳墓多」，鬼怪故事卻不多，鬼故事尤其稀少，但就筆者的瞭解，這是由於講述者心中有所忌諱之故，並不是故事真的很少。雖說如此，但在內容還是有值得重視的地方：由「豬母精」的傳說，可知澎湖各宮廟的管轄範圍是有限的，而村境的五營兵馬，的確有其作用存在；「水鬼做城隍」則是一則流傳很廣的民間故事，並非澎湖所獨有；在「人吃鬼」的故事中，我們看到澎湖人在艱困的環境中，不僅要與天爭、與海爭，甚至還要與鬼爭的奮鬥精神；從龍女故事可以看到，印度的故事是如何輾轉來到中國，又從中國傳進澎湖、附會在當地的事物上，成為中國敘事文學中的重要一環。

第三節　其他傳說

本論文在傳說部份，已經依序探討了澎湖的人物傳說、地方傳說、風水傳說、神鬼傳說，其餘或因數量過少難以單獨成立一章節，或因難以歸入上述類別，便一併在本類討論。

一、風俗傳說

（一）損王的傳說

俗話說「十里不同風，百里不同俗」，中國的國土幅員遼　、民族眾多，加上悠久的　史，各地遂形成各式各樣不同的風俗。澎湖此地的風俗，一般而言，和台灣或閩南一帶，並沒有很大的差別。唯獨二崁這裡，有一個絕無僅有的「損王」習俗。「損王」簡單的說便是「打王爺」之意。一般以「王爺」為主神的廟宇，難免會有「迎王」、「送王」的活動，但二崁這裡卻有一種很奇特的「損王」習俗，它不但不歡迎王爺來作客，反而發動全村子弟手持「武器」到海邊「損王」，將王爺搭乘的王船「打」跑，不准王爺上岸作客。「損王」的習俗在二崁村已經有很久的歷史了，何以敦厚純樸的二崁村民會對神明如此無理呢？傳說是這樣子的：

據說，二興宮建廟之初，曾經有「王爺」乘坐的「王船」經過二崁村附近，船上的「王爺」降壇二興宮要求二崁村的信徒準備迎請儀式。可是，當時二崁村的景象仍是一片蕭條，加上人丁少，供奉外地做客的「王爺」有困難。於是，二興宮的弟子透過廟中神職人員向主神「邱王爺」請求指示，並且將實際困難告訴「邱王爺」。他們告訴「邱王爺」經濟狀況不許可，供奉不起外來做客的「王爺」，請「邱王爺」代為做主解決難題。善體民情的「邱王爺」立刻降壇指示，眾子弟既然沒有能力供奉「王爺」，乾脆就把他們驅逐吧！緊接著，神明附身乩童，帶領二崁村眾弟子，攜帶竹桿、扁擔等「傢伙」到海邊，由乩童指示王船所在方位，令眾弟子朝該方位敲打，一邊打還一邊喃喃的唸著：王爺們，真是對不住，因為我們這個村落人口少，收成差，實在無法供奉你們，請你們到別個村莊要求供奉吧！損王的儀式完成了，從此以後，二崁村就流傳下來「損王」而不「迎王」的風俗。二崁村也由於「損王」的傳說，咸認為「邱王爺」務實而親民，不會只因為「愛面子」而為難村民。所以大家對邱王爺更是由衷的虔敬。〔註77〕

推究這個傳說的由來，可能是因為澎湖先天的地理因素，所以很容易在海邊迎到「王船」、「王爺」，但早期的澎湖是個人窮地貧的地方，經濟上並無法負擔這些王爺們「送往迎來」的龐大花費，不得已只好舉行「損王」的儀式，將欲入村接受供奉的王爺，趕到別的村子去。這則傳說雖然不一定可靠，但在一定程度上反應了澎湖早期的經濟概況及信仰情形。

（二）吃素的傳說

　　傳統上吃素的人，是不能吃蔥、蒜、韭菜三樣東西的，但這三樣東西明明又是素的、植物的，何以茹素者不能食用呢？對於這個習俗，以下這則傳說做了說明：

從前有一座寺廟分為東寺及西寺，東寺的和尚，每天都準時三點起來念經，西寺的，卻常常睡到很晚才起床。有一天，西寺的和尚就跑來問東寺的和尚：「為什麼你們每天可以那麼早起床？」東寺的和尚回答：「因為這裡有一隻蚯蚓，每天早上都會準時叫我們起床。」西寺

〔註77〕《二崁民俗活動專輯》，(澎湖縣立文化中心，民國八十四年六月)，頁九十八。

的知道以後，就燒了一鍋開水澆在東寺的土裡燙死蚯蚓。這隻蚯蚓死掉後，就投胎做樵夫。他每天都上山砍柴，山上有一間三官廟，他每天都會趁著砍柴的時候摘一些花，插在三官廟裡敬神。可是附近有一隻猴子時常來搗蛋，把他敬神的花丟在地上，讓他很生氣。有一天，猴子又來搗蛋，他氣不過就去捉猴子，結果猴子逃進一個石洞讓他捉不到，他就乾脆把石洞堵住，讓猴子出不來，於是猴子就死在洞裏。樵夫這世結束後，蚯蚓還是投胎做人。在這一世裡，他做了三件好事：一、是買花供神，二、是造三官廟，三、是搬石頭造七星橋讓七仙女過。因為蚯蚓連續三世都做好事，所以到了第四世玉帝就讓他去當皇帝。玉帝交待他，即使當了皇帝，還是要繼續做好事，到時功德圓滿，他會派人來渡他當神仙。這次蚯蚓投胎當梁武帝，他做了很多的好事：三里一庵、五里一寺，連仙女都來給他散花，所以他以為他的功德很大。後來時機成熟，玉帝就派達摩祖師來渡他。梁武帝問達摩祖師：「我做了這麼多好事，有多少功德？」達摩祖師回答：「半點功德也沒有。」梁武帝很生氣，就把他趕出去。玉帝又派濟公來渡他，可是一樣話不投機，他又把濟公趕出去，還派人去燒濟公廟裡的經書。不久，又拿了三粒狗肉做的包子給濟公吃，濟公一接過來，就知道裡頭包的是狗肉，便將肉包子往後一丟。包子一掉在地上，就長出蔥、蒜、韭三樣東西。因為是肉包子變的，所以從此以後，吃素的人就不吃這三樣東西。同時，梁武帝因為趕走了達摩祖師和濟公，所以後來就沒有成神升天。〔註78〕

何以蔥、蒜、韭三樣菜會被認為是葷腥的食物，這則傳說提出了有趣的解釋：因為它們是由肉包子變的，所以不能吃。但實際上據佛經的說法，蔥、蒜、韭三樣菜由於是五辛之一，所以才不能食用。如《梵網經》說：

> 若佛子不得食五辛：大蒜、茖蔥、慈蔥、蘭蔥、興渠。是五種，一切食中不得食，若故食者，犯輕垢罪。〔註79〕

又《楞嚴經》卷八上說：

> 是諸眾生求三摩地，當斷世間五種辛菜。是五種辛，熟食發淫，生

〔註78〕姜佩君：《澎湖民間傳說》，（台北聖環出版社‧民國八十七年六月），頁二一〇。

〔註79〕鳩摩羅什：《梵網經》，（台北諦聽文化‧民國八十六年四月），頁七十四。

噉增恚。如是世界食辛之人，縱能宣說十二部經，十方天仙嫌其臭

穢，咸皆遠離。諸餓鬼等，因彼食次，舐其唇吻，常與鬼住，福德

日銷，長無利益。是食辛人，修三摩地，菩薩、天仙、十方善神，

不來守護；大力魔王得其方便，現作佛身，來為說法，非毀禁戒，

讚淫怒癡，命終自為魔王眷屬，受魔福盡，墮無間獄。阿難！修菩

提者，永斷五辛。〔註80〕

佛經上有關五辛的說法不大相同，但基本上皆包含了蔥、蒜、韭三種。這幾
種菜由於味道過於濃烈，會提高人的性欲及吸引惡鬼邪神接近的緣故，不利
於修行，故佛道二教皆不許其信徒食用。此外，故事中梁武帝和達摩祖師的
一段對話相當有名，據《景德傳燈錄》的記載：

帝問曰：「朕即位以來，造寺寫經，度僧不可勝計，有何功德？」師

曰：「並無功德。」帝曰：「何以無功德？」師曰：「此但人天小果，

有漏之因，如影隨形，雖有非實。」帝曰：「如何是其功德？」答曰：

「靜智妙圓，體自空寂，如是功德，不以世求。」帝又問：「如何是

勝諦第一義？」師曰：「廓然無聖。」帝曰：「對朕者誰？」師曰：「不

識。」帝不領悟。〔註81〕

達摩祖師是中國禪宗的初祖，但其人其事在歷史上是眾說紛紜，據禪宗史籍
的記載，他是南天竺人，婆羅門種族，於梁武帝普通七年（西元五二六年），
由海路經廣州來中土，次年至金陵，與梁武帝論佛法，才發生了上述的對話。
由於梁武帝求的是世間的福報，達摩說的是出世間的解脫，因此無法契合。
於是達摩再北行到洛陽，以後有在嵩山少林寺面壁九年的傳說。〔註82〕至於
濟公為南宋台州人（一一八四～一二○九），俗名李心遠，出家後法名道濟。
由於他出家後不守戒律，喜好大碗喝酒、大塊吃肉，行為舉止癲狂放蕩，被
人們稱為「濟顛」、「濟公」或「濟公活佛」。佛教徒認為他是降龍羅漢來轉世。
民間有關他的傳說甚多，明《濟顛禪師語錄》、清郭小亭長篇小說《濟公傳》
就是關於他的傳說，經過後代小說戲曲的渲染後，他便成為婦孺皆知的一位
神明。〔註83〕在彰化，也採錄到類似的傳說，而且正好可以補充澎湖說的較

〔註80〕般剌蜜帝：《楞嚴經》，（台北圓明出版社，民國八十七年三月），頁一六六。

〔註81〕《景德傳燈錄》：（台北商務印書館，民國六十五年六月），頁九二。

〔註82〕同前註。

〔註83〕馬書田：《全像中國三百神》（台北國際村文庫，民國八十二年十二月），頁三
　　　　六一。

簡略的部份，故節錄相關部份於後，提供參考。

> 那天早上，小沙彌們沒有聽到蚯蚓叫，一直睡，睡到天亮，才知道
> 太晚了，一看，蚯蚓已經死在桌子底下了。那些師父不甘心，只好
> 將蚯蚓供到桌上為牠念佛，原本蚯蚓應該是沒有靈魂的，但是經過
> 這樣一直念佛，念到牠有了靈魂；於是牠去陰曹地府控告，控告燒
> 開水燙死牠的這位師父，這位師父不久就死了。死了以後，被判投
> 胎成一隻猴子，蚯蚓則投胎成人。因為蚯蚓要投胎當人不容易，所
> 以他很窮很苦，每天都得砍柴為生，有一天，砍柴砍進了深山裏去，
> 看到一間小廟被颱風吹走了屋頂，裏面的三尊神佛被風吹日曬，這
> 個樵夫看了當下就發了個願：「這堆柴如果賣了個好價錢，我就買三
> 頂斗笠來戴在你們頭上，好不必受風吹下雨淋。」那堆柴真的賣了
> 好價錢，他就買了三頂斗笠替牠們戴著，每天早上禮拜牠們。他賣
> 了柴，衣食有餘，就買些花插在牠們面前，可是今天插了花，明天
> 就被丟在地上，日復一日，原來是和尚轉世投胎的那隻猴子，每天
> 都來毀壞那些花，有一天他躲著偷看，看看到底是誰來毀壞這些花。
> 看到了是隻猴子，拎起扁擔就追打他，猴子一直跑，跑進了一個石
> 洞裏，那個石洞人進不去，那樵夫於是推了塊大石堵在洞口，那隻
> 猴子也就缺水缺糧，又推不開石頭，就死在石洞裏了。這個人上輩
> 子被和尚害死，這輩子就該他害死這猴子。這三尊佛於是向玉帝奏
> 稟，說他雖然沒錢，卻有誠敬的心，他買了三頂斗笠為牠們遮風避
> 雨，牠們向玉帝稟奏他為牠們蓋了「三帝廟」，玉帝又派觀音菩薩來
> 試探他。他那附近剛好有條毒水河，赤腳走過毒水河腳會爛。觀音
> 菩薩變成了一個人要過河，那樵夫對牠說：「這條河很毒，你可別過
> 河喲！」「可是我有急事要過河啊！」這樵夫想了想說：「那這樣吧！
> 你等一會兒，我去推些石頭過來。」他去推了七個石頭，一步一個，
> 剛好七個石頭一跨就能過河了，觀音菩薩又奏稟玉帝說他為牠造了
> 「七星橋」。〔註84〕

在澎湖的傳說中，並沒有點出柴夫及猴子的關係，但彰化的傳說，便以因果
報應的觀點來說明何以柴夫會害死猴子，這是因為上輩子猴子就是用熱水燙

〔註84〕胡萬川：《彰化縣民間文學集・故事篇五》，（彰化縣立文化中心・八十五年六
月），頁一六一。

死蚯蚓的人，所以這輩子才轉世為猴子，反被蚯蚓害死。而蚯蚓在第二世所做的三件好事澎湖只是簡單一語帶過，在彰化則有詳細的說明，不同的是澎湖的蚯蚓共投胎了二世，至第三世才轉世為梁武帝，而彰化的蚯蚓則只輪迴了一世，在這世中他做了三件好事及了結了和猴子的因果後，便轉世為皇帝到人間享受榮華富貴。

（三）丁蘭「刻木事親」的傳說

丁蘭「刻木事親」是二十四孝裡的故事，據說中國人用神主牌位來祭拜祖先的習俗，便是由丁蘭開始的。在澎湖的這則傳說裡，除了上述大家都熟悉的情節外，又加上了丁蘭發明了「筊杯」及用筊杯問事的由來：

> 古代有一個叫丁蘭的人，他三歲時父親便死了，由母親扶養他長大。丁蘭長大後，就與母親就一起到山上去種田，一直到母親年老無法下田工作時，母親還是仍然每天到田裡幫丁蘭送午飯，但丁蘭卻不是一個孝順的人，由於當時沒有時鐘，只能依照太陽來判斷時間的早晚，假如他母親早一點送飯去給他，他就罵說：「這麼早就送午飯來！早飯不是才剛吃過嗎？」如果晚一點送飯去給他，他也罵說：「妳這麼晚送飯來，是要讓我餓死嗎？」每次丁蘭罵他，他母親就很傷心的在一旁哭著說：「孩子他爹在他三歲時便死去，所以沒能好好栽培他、教養他，弄得他現在忤逆老母。」
>
> 有一天，丁蘭在田裡工作，正好看到一群羊，小羊為了要吃母親的奶而跪在地上，丁蘭想到自己平時漫罵長輩、對母親大呼大叫的，這樣子怎麼配做人呢？於是他心理暗自決定，等中午母親送飯來時，他要像像羊一樣，跑過去跪下來吃飯，這樣才能讓他的良心好過一點。後來母親送飯來，他遠遠看見母親來了，就趕快跑過去迎接母親，他母親嚇一跳，以為丁蘭跑過來一定會把她給打個半死，就把飯丟在一旁，跳下江水自殺。丁蘭看到了馬上跳下江去找他母親，但母親的遺體早就被江水流走不見了，丁蘭一直找到隔天仍找不到母親，但卻在江中找到一塊木頭，於是他就把木頭帶回家，把它刻上眼睛、鼻子、嘴巴，當作母親一樣供奉，這就是後來神主牌位的由來。
>
> 後來丁蘭想到母親生前的辛苦，而他卻是如此的不孝，於是他便三

步一跪，五步一拜的到江邊去牽引母親的魂魄回家。然後又在江邊找了兩個貝殼，一個當他父親，一個當他母親，他要做任何事時都要先問過父母親才可以。可是二個貝殼要怎麼回答他呢？他想了一想就決定，要問事時便把貝殼丟在地上，一正一反是「聖杯」，代表「好」或「同意」的意思，兩反代表「陰杯」，兩正代表「笑杯」，這個方法延續到現在，就變成現在我們「擲筊」的由來。〔註85〕

有關丁蘭刻木之事，據許師端容的研究：

丁蘭刻木之事，首見于漢武梁祠堂石室畫像石，其上繪有丁蘭夫妻及木母之圖，且題曰：「丁蘭二親終歿，立木為父，鄰人假物，報乃借與。」其稱蘭刻父像與後世傳木母之說異。《風俗通義・愆禮》載曰：「世間共傳，丁蘭剋木而事之。」其中未云木像乃其父？抑為其母？《法苑珠林》卷四九〈忠孝篇〉載劉向《孝子傳》：「丁蘭，河內野王人也，年十五喪母。刻木作母事之，供養如生。蘭妻夜火灼母面，母面發瘡，經二日，妻頭髮自落如刀鋸截，然後謝過，蘭移母大道，使妻從服三年拜伏，一夜忽如風雨，而母自還。鄰人所假借，母顏和，即與；不和，則不與。」所錄丁蘭喪母，思念甚，刻木作母事之如生之神奇故事。《初學記》卷第十七孝第四「丁蘭圖形」一目之下，引晉孫盛《逸人傳》曰：「丁蘭者，河內人也，少喪考妣，不及供養，乃刻木為人，彷彿親形，事之若生，朝夕定省。後鄰人張叔妻，從蘭妻有所借，蘭妻跪報木人，木人不悅，不以借之。叔醉疾來詬罵木人，以杖敲其頭。蘭還，見木人色不懌，乃問其妻，妻具以告之，即奮劍殺張叔。吏捕蘭，蘭辭木人去，木人見蘭，為之垂淚。邵縣嘉其至孝，通於神明，圖其形像於雲臺也。」又《法苑珠林》于劉向《孝子傳》之下，另以雙行夾注著錄鄭緝之《孝子傳》云：「蘭妻誤燒母面，即夢見母痛。人有求索，許，不先白母。鄰人曰：枯木何知？逐用刀斫木母，流。蘭還號，造服行喪，廷尉以木減死。宣帝嘉之，拜太中大夫者也。」按：三者所錄刻木之事，《逸人傳》唯稱「乃刻木為人，髣髴親形」，或蘭刻父母二人之木像。而劉向《孝子傳》、鄭緝之《孝子傳》皆明載所刻乃其母之木像。又

〔註85〕吳福廷先生於民國八十八年十一月二十一日　裡里講述。陳曉筠、李秀玲等採錄。未刊稿。

> 三者所記故事互有詳略,《逸人傳》止敘鄰人斫木之事,不言蘭妻灼
> 母面、誤燒母面之事;劉向《孝子傳》未錄奮殺鄰人、拜太中大夫
> 事;《逸人傳》亦惟言圖其形像於雲臺耳!考丁蘭刻木母事,後代稱
> 述不出上所言之情節,惟《宣講集要》卷一「丁蘭刻母」一種,其
> 中尚且敷衍蘭文病歿之事,餘則不異。〔註86〕

有關丁蘭刻木事親之事,已如許師之考論,至於民間以筊杯來卜問吉凶之俗
由來已久,「筊杯」也稱「杯筊」,韓愈〈謁衡嶽廟遂宿嶽寺題門樓〉詩云:「手
持杯筊導我擲,云此最吉餘難同。」是唐時已有此俗。擲筊時以兩筊合攏,
拋空落地,視其正反以占吉凶,以一正一反為吉,俗稱「允杯」;兩者皆正為
「笑杯」,可再擲占;二者皆反為「陰杯」代表不吉。目前一般坊間所見的「筊
杯」,不是木製便是竹製的,推測古時候製作「筊杯」的材質應該也不脫這二
類,蓋其輕巧耐摔、原料又易於取得。而故事中的「貝殼」,不僅易碎,而且
除了沿海地區,恐怕也不很容易取得,並不適合作為「筊杯」來使用。會有
此種說法,可能和筊杯的形狀和貝殼有些相似,而貝殼在澎湖是極為尋常之
物,隨手可得。因此有關丁蘭發明筊杯問事的方法,恐怕是沿海一帶所附會
的情節。

二、其他傳說

(一)美國人的傳說

在其他傳說中,有一部份是屬於說明事物由來的傳說。比如:「『順』字
的由來」、「紅龜粿的由來」、「美國人的由來」……,其中比較值得探討的是
「美國人的由來」這個傳說。這個傳說共搜集到二種不同的說法,第一種是
這樣的:

> 從前,有一個皇帝的母親生病了,請了許多醫生都醫不好。皇帝有
> 一位公主,很漂亮,因此下令說,誰能醫好他母親的病,便把公主
> 嫁給他。有一個小官養了一隻猴子,很有靈性。知道這事後跟主人
> 說,它能醫好太后的病!小官便去稟奏皇帝。皇帝答應,如果那隻
> 猴子真能醫好太后的病,就真的將公主下嫁。猴子到遠處的一座山
> 頂上去採了三片茶葉。這座山頂上祇有一棵茶樹,樹上祇有七片葉

〔註86〕許端容:《二十四孝研究》,(台北文化大學中文所碩士論文,民國七十六年六
月),頁一九四。

子，樹旁則有上百條蛇和一個公雞精，所以普通人是無法採到這茶葉的。猴子採來茶葉後，用水煎開。太后聞到茶香，病就好了一大半；把茶水喝下去後，病就全好了。皇帝實在不想把公主嫁給一隻猴子，但話已說了，沒辦法，就準備了一些日常用品和一艘船，讓猴子和公主去別的地方生活，那裡就是現在的美國。公主和猴子生了一個孩子，很活潑。猴子去田裡工作，公主常叫孩子拿東西去給爸爸吃。後來孩子長大，懂事了，就用挑食物的扁擔把他爸爸打死，回來後也不說。第二天他媽媽問起爸爸，他才說：「爸爸沒了！爸爸死掉了！」有一天，公主想，兒子大了，懂事了，可是這裡祇有我們母子二人。於是跟兒子說，晚上到某一棵樹下去，那裡有一個小姐，他可以去和她結婚。到了晚上，母親化了妝去樹下和兒子相會，兩人結婚，生下兒子和女兒。美國人就是那對母子傳的。〔註87〕

這位講述者在講完這事後，便接著說美國人因為就是這樣來的，所以才會那麼沒規矩、亂七八糟，隨隨便便的就離婚、結婚、接吻……等，對美國種種開放的作風很不以為然。另一則有關美國人由來的說法是這樣的：

從前，有一個員外的女兒得了麻瘋病，被送到一個離島生活。島上有一隻猴子，過了一段時間後，她跟那隻猴子有了感情，生下一個孩子。猴子在島上開墾種五穀和蕃藷。孩子長大很後，他母親要他提飯去田裡給爸爸吃。她說：「你去到那裡把飯放下就好，爸爸會來吃的。」孩子去了，可是沒看到爸爸，祇見到那隻猴子來吃，他不知道那隻猴子就是他父親，以為猴子是來偷吃的。第二天，猴子又來吃他送去的飯，把鋤頭放在旁邊，他就拿起鋤頭把猴子打死了。孩子回去告訴他媽媽：「我沒有看到爸爸來吃飯，祇有一隻猴子來偷吃，我用鋤頭把他打死了。」媽媽對他說：「猴子被你打死了的話，山上的開墾就要你來做。」後來孩子長大要娶妻，沒妻可娶。有一天，他媽媽對他說：「今晚你去某處，那裡有一個女孩很漂亮，但臉上蒙著布，她就是你太太。」其實這女孩是他媽媽化裝的，因為不這樣沒有辦法生出後代，祇生一個男孩會絕種。這樣才又生一個女兒，給兒子當妻子。他們的後代就是美國人，所以現在美國人的眼

〔註87〕金榮華：《澎湖縣民間故事》，（台北中國口傳文學學會・民國八十九年十月），頁一八九。

睛和臉型都和猴子一樣。〔註88〕

這二則故事，採錄者曾都特別詢問是從什麼時候開始流傳的，第一位講述者說大約是他十來歲時聽到的（案：講述當時七十六歲，所以故事大約是在六十年前、民國三十年左右的時候開始流傳的）。另一位講述者則說，這個故事是從前澎湖人看到美國人時，編出來取笑他們的，大概已經有五、六十年的歷史了。並且說這個故事在以前戒嚴的時候大家都不敢講，一直到最近比較開放了，才敢說給採錄者聽。

綜合以上二位講述者的說法，可以推測出這種嘲笑美國人是猴子後代的故事，大約是在民國三、四十年間的產物，而較明確的時間，應該是民國三十八年以後。那時二次世界大戰剛結束，國民政府撤退來台，不久，發生震驚中外的韓戰，美國派出第七艦隊協防台灣，〔註89〕大量的美國士兵進駐台澎等地，一向民風淳樸的鄉下人，首次接觸到完全不同文化、人種的美國人（極可能是美國水兵），看到他們毛茸茸的體毛，開放的觀念、隨便的行為，在取笑或瞧不起的心態下，編造出來的故事。這種心態大概是全台共通的，所以在台中沙鹿鎮也曾採錄到類似的故事。〔註90〕不過這種故事其實不是特別為嘲笑美國人而編出來的，在台灣的原住民裡便有類似的故事，他們藉由這個故事來說明這個部落或紋面的由來。

在原住民的傳說中，少女成婚的對象通常是狗而不是猴子，由於這類型故事的數量不少，故金師榮華為此新增了四三〇F「少女和狗」的故事類型，這型的故事通常由以下幾個情節單元組成：瘡經狗舔而痊癒、狗變人、人和狗結婚、人和狗生子、狗作人語、母子結婚、黥面的由來。關於此種少女和狗結婚的故事，在中國有大量的記載，最早的是范曄的《後漢書‧南蠻西南夷傳》：

> 昔高辛氏有犬戎之寇，帝患其侵暴，而征伐不剋。乃訪募天下，有能得犬戎之將吳將軍頭者，購黃金千鎰，邑萬家，又妻以少女。時

〔註88〕同前註。頁一九一。
〔註89〕民國三十九年六月二十五日，北韓軍隊入侵南韓爆發韓戰，美國為穩定東亞局勢，一方面協助南韓抵禦北韓，一方面於六月二十七日，宣佈台灣海峽中立化，並派遣第七艦隊在台灣海峽巡邏。七月三十一日，美國遠東軍總司令麥克阿塞訪台，決定協防台灣。（張玉法：《中華民國史稿》，（台北聯經公司，民國八十五年六月），頁四九四。）
〔註90〕《沙鹿鎮閩南語故事集（二）》，（台中縣立文化中心‧民國八十三年六月），頁十九。

帝有畜狗，其毛五采，名曰槃瓠。下令之後，槃瓠逐銜人頭造闕下，群臣怪而診之，乃吳將軍首也。帝大喜，而計槃瓠不可妻之以女，又無封爵之道，議欲有報而未知所宜。女聞之，以為帝皇下令，不可違信，因請行。帝不得已，乃以女配槃瓠。槃瓠得女，負而走入南山，止石室中。所處險絕，人跡不至。於是女解去衣裳，為僕鑒之結，著獨力之衣。帝悲思之，遣使尋求，輒遇風雨震晦，使者不得進。經三年，生子一十二人，六男六女。槃瓠死後，因自相為夫妻。〔註91〕

之後干寶的《搜神記》也有類似的記載：

高辛氏有老婦人居於王宮，得耳疾歷時。醫為挑治，出頂蟲，大如繭。婦人去後，置以瓠䕥，覆之以盤，俄爾頂蟲乃化為犬，其文五色，因名「槃瓠」，遂畜之。時戎吳強盛，數侵邊境。遣將征討，不能擒勝。乃募天下有能得戎吳將軍首者，購金千斤，封邑萬戶，又賜以少女。後槃瓠銜得一頭，將造王闕。王診視之，即是戎吳。為之奈何？群臣皆曰：「槃瓠是畜，不可官秩，又不可妻。雖有功，無施也。」少女聞之，啟王曰：「大王既以我許天下矣。槃瓠銜首而來，為國除害，此天命使然，豈狗之智力哉。王者重言，伯者重信，不可以女子微軀，而負明約于天下，國之禍也。」王懼而從之。令少女從槃瓠。槃瓠將女上南山，草木茂盛，無人行跡。於是女解去衣裳，為僕堅之結，著獨力之衣，隨槃瓠升山入谷，止于石室之中。王悲思之，遣往視覓，天輒風雨，嶺震雲晦，往者莫至。蓋經三年，產六男六女。槃瓠死後，自相配偶，因為夫婦。〔註92〕

至今日，西南的苗、瑤、畬等少數民族，仍有大量這類型故事的流傳。此外，海南島上的黎族、東北的滿族、乃至鄰國的越南、印尼爪哇、日本沖繩、關西等地都有類似的故事。〔註93〕所以澎湖這則「美國人由來」的傳說，雖有

〔註91〕范曄：《後漢書‧南蠻西南夷傳》，（北京中華書局，一九六五年五月），頁二八三〇。

〔註92〕干寶：《搜神記》，（台北洪氏出版社，民國七十一年元月），頁一六八。

〔註93〕本段內容參考許端容：〈泰雅族口傳故事類型試探〉，第四點「四三〇F 少女和狗」寫成。《海峽兩岸民間文學研討會論文集》，（元智大學中文系‧民國八十九年七月），頁七。亦請參考許端容：〈澎湖〈美國人的由來〉故事試探〉，（澎湖民間文學學術研討會會議論文，民國九十年五月十八日）。

它產生的時代背景及義意，但並不是憑空冒出來的，它早在原住民間流傳，最後被漢人借用，成為取笑美國人的故事。

（二）「棄老」及「食老」的傳說

傳說以前的人屁股上都會長一根尾巴，如果人老了快要死的時候，尾巴後面就會變黃，這時他的子女就用要竹簍把老人抬到山裡丟掉，讓他在那裡等死。有一天，一個小孩的爺爺已經老了，尾巴變黃了，於是他爸爸就照著以前的習俗，用竹簍把他爸爸抬到山裡去等死。後來這個小孩看不到爺爺，就問爸爸：「爺爺到那去了？」小孩的爸爸告訴孩子說：「爺爺的尾巴變黃了、快死了，所以爸爸把他抬到山裡去，不讓他死在家裡。」小孩聽了之後就反問爸爸：「那你以後老了、尾巴變黃了，我是不是也要比照你對爺爺的方式，用竹簍子把你抬到山裡去？」爸爸聽了嚇了一跳，才想到自己為什麼要遵照這種蠢方法來對待自己的老爸？於是他趕緊到山上把老爸爸帶回家，後來這種習俗就漸漸被大家淡忘了。〔註94〕

這則故事是屬於編號九八〇「兒子一言驚父親，從此孝養老祖父」的類型故事，這型故事流傳很廣，包含敦煌、彝族、藏族等區域，都有類似故事流傳。〔註95〕這類「棄老」的故事最早見於印度佛經的《雜寶藏經·棄老國緣》：

佛言：過去久遠，有國名棄老，彼國土中，有老人者，皆遠驅棄。有一大臣。其父年老。依如國法。應在驅遣。大臣孝順，心所不忍，乃深掘地，作一密屋，置父著中，隨時孝養。爾時天神，捉持二蛇，著王殿上，而作是言：「若別雄雌，汝國得安，若不別者，汝身及國，七日之後，悉當覆滅。」王聞是已，心懷懊惱，即與群臣，參議斯事，各自陳謝，稱不能別，即募國界，誰能別者，厚加爵賞。大臣歸家，往問其父，父答子言：「此事易別。以細軟物，停蛇著上，其躁擾者，當知是雄，住不動者，當知是雌。」即如其言，果別雄雌。天神復問言：「誰於睡者，名之為覺？誰於覺者，名之為睡？」王與群臣，復不能辯，復募國界，無能解者。大臣問父：「此是何言。」父言：「此名學人。於諸凡夫，名為覺者。於諸羅漢，名之為睡。」

〔註94〕某先生於民國八十八年六月講述。劉淑玉、李美月等採錄。未刊稿。

〔註95〕金榮華：《中國民間故事集成類型索引（一）》，（台北中國口傳文學學會·民國八十九年元月），頁八十六。

即如其言以答。天神又復問言：「此大白象有幾斤兩？」群臣共議，無能知者。亦募國內，復不能知。大臣問父。父言：「置象船上，著大池中，畫水齊船深淺幾許，即以此船，量石著中，水沒齊畫，則知斤兩。」即以此智以答。天神又復問言：「以一掬水，多於大海，誰能知之？」群臣共議，又不能解。又遍募問，都無知者。大臣問父：「此是何語？」父言：「此語易解。若有人能信心清淨，以一掬水，施於佛僧及以父母困厄病人，以此功德，數千萬劫，受福無窮。海水極多，不過一劫，推此言之，一掬之水，百千萬倍。多於大海。」即以此言，用答天神。天神復化作餓人，連骸挂骨，而來問言：「世頗有人飢窮瘦苦劇於我不？」群臣思量，復不能答。臣復以狀，往問於父。父即答言：「世間有人，慳貪嫉妒，不信三寶，不能供養父母師長，將來之世，墮餓鬼中，百千萬歲，不聞水穀之名。身如太山，腹如大谷，咽如細針，髮如錐刀，纏身至腳。舉動之時，支節火然，如此之人，劇汝飢苦，百千萬倍。」即以斯言，用答天神。天神又復化作一人，手腳杻械，項復著鎖，身中火出，舉體燋爛，而又問言：「世頗有人苦劇我不？」君臣率爾，無知答者。大臣復問其父，父即答言：「世間有人，不孝父母，逆害師長，叛於夫主，誹謗三尊，將來之世，墮於地獄，刀山劍樹，火車爐炭，陷河沸屎，刀道火道，如是眾苦，無量無邊，不可計數。以此方之，劇汝困苦，百千萬倍。」即如其言，以答天神。

天神又化作一女人，端政瑰瑋，踰於世人，而又問言：「世間頗有端政之人如我者不？」君臣默然，無能答者。臣復問父，父時答言：「世間有人，信敬三寶，孝順父母，好施忍辱精進持戒，得生天上，端政殊特，過於汝身，百千萬倍，以此方之，如瞎獼猴。」又以此言，以答天神。天神又以一真檀木，方直正等，又復問言：「何者是頭？」君臣智力，無能答者。臣又問父，父答言：「易知。擲著水中，根者必沈，尾者必舉。」即以其言，用答天神。天神又以二白騲馬形色無異，而復問言：「誰母？誰子？」君臣亦復無能答者，復問其父，父答言：「與草令食，若是母者，必推草與子。」如是所問，悉皆答之，天神歡喜，大遺國王珍琦財寶，而語王言：「汝今國土，我當擁護，令諸外敵不能侵害。」王聞是已，極大踊悅，而問臣言：「為是

自知？有人教汝？賴汝才智，國土獲安，既得珍寶，又許擁護，是
汝之力。」臣答王言：「非臣之智，願施無畏，乃敢具陳。」王言：
「設汝今有萬死之罪，猶尚不問，況小罪過？」臣白王言：「國有制
令，不聽養老，臣有老父，不忍遣棄，冒犯王法，藏著地中，臣來
應答，盡是父智，非臣之力，唯願大王，一切國土，還聽養老。」
王即嘆美，心生喜悅，奉養臣父，尊以為師。濟我國家一切人命，
如此利益，非我所知。即便宣令，普告天下，不聽棄老，仰令孝養，
其有不孝父母。」，敬師長。當加大罪。〔註96〕

由佛經的這段記載來看，這種把老人棄置山野，令其自斃的作法，似乎由來
已久。玄奘大師在《大唐西域記》中，記載的印度喪葬習俗，就有一種「棄
林飼獸」的「野葬」作法。這種「野葬」可能就是一種「棄老」的行為。至
今中國仍找得到「自死窟」的遺跡，「自死窟」之說或許是出於後代附會，但
也或許是相當程度的保存了人類對遠古社會的記憶，並不完全出於虛構。

　　據人類學家的研究考證，在原始的人類時代，的確存在著「棄老」或「殺
老」的風俗，這種作法不是原始人類生性殘忍或缺少親情觀念，而是由於當
時食物缺乏，生存條件惡劣，而不得不將缺乏勞動能力、又只會消耗糧食的
老人、甚至幼童加以丟棄或殺死。這完全是出自生存的考量，非關道德倫理。
這種情形一直持續到農業興起後，人們可以生產出足夠的食物養活老人後，
才有改變。而且，農業社會尤須借重年長者的智慧及經驗，於是隨著社會的
發展，「棄老」的習俗漸漸的被淡忘，孝養父母的觀念產生，原始記憶中「棄
老」的習俗，在口耳相傳中，轉化成孝養父母必需以身做則的傳說，將故事
賦予了新的時代意義。〔註97〕在「棄老」的傳說之外，澎湖還流傳著「食老」
的傳說：

傳說從前有個風俗，就是在人死掉以後，他的肉便可以拿來吃。而
且那時候的人，都長著猴子一樣的尾巴，到了人快要死的時候，尾
巴就會變黃，那麼他的兒孫就可以出去向人借肉回來吃。其中有戶
人家的老人，尾巴變黃了，他的兒子就很高興得出去向人家借肉回

〔註96〕《大正大藏經》：第二○三《雜寶藏經》卷一〈棄老國緣〉。
〔註97〕本段內容參考：劉守華：《比較故事學》〈中國的《鬥鼠記》與日本的《棄老
　　　　國》〉、〈從「棄老」到「敬老」〉，二文。（上海文藝出版社・一九八六年七月），
　　　　頁一五四、一六七。

來吃。老人知道後很不高興，心想：「我還沒死，你們就出去借肉回來吃，是不是巴不得我早點死，好讓你們能夠償還借回來的肉？」於是，這老人就生氣離家出走了。他的兒子一方面著急父親不見了，一方面又擔心向別人借了那麼多肉來吃，該拿什麼來還？所以就趕緊叫家人四處尋找，找了好久都沒找到，原來那老人一個人跑到山中自殺死了。等過了幾個星期，家人找到屍體時，屍體都經發臭長蟲了，子孫們看到了人肉發臭又長蟲，覺得很可怕，於是就改掉這種流傳很久的風俗，不再吃人肉了。〔註98〕

有一個外地人來到村子，看見一個老人家在哭，外地人就問他：「阿婆！阿婆！你怎麼在這裡哭？」阿婆說：「我哭，是因為你們一來就輪到我了，換我要死啦。」「這是什麼原因？」阿婆說：「你們來，我們這裡沒有東西請你們，就選一個地方上最老的老人殺了啊。」〔註99〕

「食老」傳說的發生，應該比「棄老」還要早，那時不僅缺乏食物的來源，甚至還要靠「殺老」來補充糧食的不足。但是究竟早到什麼時候，則無法確定。如果依故事所說的，是在人類還有尾巴的時候，那該是多久以前的事？那時候「人」還稱得上是「人」嗎？從遠古至今，漫漫的歲月裡，這個傳說，這種風俗，是怎麼流傳下來的呢？這幾則故事或許是人們對過去遙遠事物的追憶加上後人的幻想產生的。至於尾巴變黃就是人要死的預兆，應該是由大自然的觀察中，看到植物枯萎凋零前，葉落枯黃的景象，所產生的聯想吧？

以下，還有幾則反映民間一些相沿成俗說法的故事，比如說：「南斗註生，北斗註死」、「未註生，先註死」、「龍銀有腳會跑」、「印泥可以避邪」等，這些說法不一定可靠，卻有不少人深信不疑，由此可反映出民間對某些事物的觀念及看法。

從前有一個年輕人進京赴考，身邊有家僮跟隨。有一日，來到某個地方，天色已晚，見山邊有一間房子，前往請求借宿一晚。屋主阿

〔註98〕李仁猛八十七年十一月二十一日湖西成功講述薛孟君、歐秋燕、翁雪琦採錄。未刊稿。

〔註99〕陳惠娜女士於八十七年九月十二日澎湖縣望安鄉將軍村講述。張百蓉採錄。未刊稿。

伯告之，媳婦肚子痛，從早上到現在還沒能生下孩子，正在煩惱，而且家裡也沒多餘的空房可借給他們。年輕人不在意，又要求讓他們在大廳旁邊過夜，天亮就離開，阿伯於是答應。他們在地上舖上草蓆休息。肚子痛的媳婦在房裡哀叫著，阿伯燒香拜土地公，保佑讓媳婦快快生下孩子。忽然有一陣風吹入。年輕人聽到「南斗星君」和土地公說話。土地公要南斗星君讓婦人快快生子，南斗星君說：「註死的還未來，註生的不能讓她生。」又一陣風吹過來，「北斗星君」到了，他說：「這個小孩，三歲時會被飛刀刺死。」年輕人聽完他們的對話，立即聽到小孩啼哭的叫聲，婦人終於順利產下小孩了。天亮，年輕人要離去，想記下昨晚發生的事，證實星君和土地公所說的是否靈驗。於是提起筆來，抽掉大廳的門閂，記在上面，再放回原位，不動聲色，謝完阿伯便離開了。年輕人進京，果然高中狀元，很巧合的，他被派任到阿伯住的地方當父母官。轉眼間，阿伯的孫子三歲了。有一天，阿伯請來一位木匠到家裡來做一張案桌。工作到中午時分，阿伯請師父休息吃飯。師父便停下工作，把工具放在桌上。三歲的孫子在廳中跑來跑去，這時有一隻雞忽然跳上桌，小孫子於是追著雞嬉戲起來，而桌上的工具鉎仔，受到震盪，從桌上下掉，正好插入小孫子的頭，小孫子一命嗚呼，死了。阿伯又氣又傷心，不放木匠干休，木匠推說與他無關。這個案件，告上了衙門，找上了當初借宿阿伯房子的狀元郎。狀元郎回憶三年前借宿時發生的事，便將詳情告訴阿伯：「你家孫子原本就註定三歲死亡，和這位木匠師父無關，若不信，可拿你家大廳門閂前來觀看。」狀元命差役往阿伯家取來門閂，果然上面有狀元郎親筆的記事，阿伯才相信，這是天註定的事，無法違改。〔註100〕

中國有關南斗、北斗的信仰很早，《史記‧封禪書》記載：「及秦併天下，令祠官所常奉天地名山大川鬼神，可得而序也。擁有日、月、參、辰、南北斗之屬，百有餘廟。」〔註101〕至於「南斗註生、北斗註死」的說法，最早出於《五斗經》中之《太上說中斗大魁保命妙經》：「北斗落死，南斗上生。」這種觀念，在東漢以後，普遍流行，一直到現在民間都還有「拜斗」的習俗。

〔註100〕《竹灣風情》，（澎湖竹灣國小‧民國八十七年六月），頁一四六。
〔註101〕漢‧司馬遷：《史記‧封禪書》（台北藝文印書館），頁九二六。

〔註102〕干寶《搜神記》便記載著這樣的故事：

> 管輅至平原，見顏超貌主天亡。顏父乃求輅延命。輅曰：「子歸，覓
> 清酒一榼，鹿脯一斤，卯日，刈麥地南大桑樹下，有二人圍棋次，
> 但酌酒置脯，飲盡更斟，以盡為度。若問汝，汝但拜之，勿言。必
> 合有人救汝。」顏依言而往，果見二人圍棋。顏置脯斟酒于前。其
> 人貪戲，但飲酒食脯，不顧。數巡，北邊坐者忽見顏在，叱曰：「何
> 故在此？」顏唯拜之。南邊坐者語曰：「適來飲他酒脯，寧無情乎？」
> 北坐者曰：「文書已定。」南坐者曰：「借文書看之。」見超壽止可
> 十九歲。乃取筆挑上，語曰：「救汝至九十年活。」顏拜而回。管語
> 顏曰：「大助子，且喜得增壽。北邊坐人是北斗，南邊坐人是南斗。
> 南斗注生，北斗注死。凡人受胎，皆從南斗過北斗。所有祈求，皆
> 同北斗。」〔註103〕

這個故事很有名，流傳久遠。管輅在歷史上實有其人，史稱他「年八九歲便
喜仰視星辰。及成，風角占相之道，無不精微。」〔註104〕道教吸取這種說法，
便把南斗六星變為司命主壽的六位星君、北斗七星變為解厄延生的七位星君
了，於是民間便有了「南斗註生、北斗註死」的說法了。〔註105〕

> 從前在某個村莊的某戶人家，家裡有兩個龍銀，他的鄰居則有許多
> 的龍銀。有一天，有兩個龍銀的這戶人家，中午睡午覺的時候，突
> 然聽到一些奇怪的對話，不過當時並不在意。睡醒後，一時興起，
> 想看看龍銀，就叫太太拿出來給他看。結果，龍銀只剩下一個。他
> 記起中午聽到的對話，想到古人講過龍銀會跑，就到隔壁問：「你們
> 家是不是有很多龍銀？」鄰人回答說：「沒錯，我們家有十八個龍銀。」
> 他又問：「是不是能拿給我看？」鄰居答應了，結果拿出來一看，居
> 然有十九個龍銀。幸好這個鄰居也不貪心，他說：「是我的就是我的，
> 不是我的，想留也留不住。」因此雙方便互相約定這麼說：「某某人
> 有兩個龍銀寄放在某某人家裡。」由這個故事我們就知道龍銀會跑

〔註102〕蕭登福：《南北斗經今註今譯》，（台北學生書局·民國八十七年六月），頁一。
〔註103〕干寶：《搜神記》，（台北洪氏出版社·民國七十一年元月），頁三十四。
〔註104〕陳壽：《三國志·魏書·方伎傳》，（北京中華書局，一九六五年五月），頁二
八三〇。
〔註105〕同前註。

的確是真的。〔註106〕

龍銀有腳會跑的傳聞，筆者幼時便曾聽母親提過，據說龍銀有靈性會挑主人，一定要有福氣的人才能得到它，若是福氣不夠，它就會離開，去找另一個主人。這種說法很奇怪，可能是由於龍銀珍貴而少見，一般人很難看到，在物以稀為貴的心態下，才會有這種神奇的說法。

> 印章上的紅印泥是很珍貴的，它能驅鬼、制鬼。有一個故事是這樣說的：有一次，一個秀才進京去考進士，半路上找不到住的地方。後來他看到一間破屋子，沒有人住，就進去過夜。住到半夜時，有一個殭屍出現了，秀才就拿身邊的東西砸它，但是把東西都砸完了，甚至把書本也拿來砸過去，還是沒有用。最後，他想到身上還有一顆印章，祇好把印章也砸過去。殭屍被印章打中後就不見了，原來是被印章上的紅印泥嚇跑的。〔註107〕

為什麼印泥可以避邪、制鬼？推測這可能是由於從前的印泥都是用硃砂調製而成的緣故。在民間傳說中，硃砂俱有強大的避邪能力，所以道士們畫符蓋印，都要用硃砂筆就是這個緣故。在蔡進士的傳說中也曾經提到，有一次蔡進士因為辦了一件「僵屍案」，而受到僵屍的攻擊，蔡進士將身邊所有拿的到的東西，拼命往僵屍身上扔，但是都沒有用，一直到最後，拿起了平日批公文的硃砂筆（或是官印），往僵屍身上一丟，指聽僵屍哀嚎一聲，便倒下來了。由此可見硃砂（印泥）可避邪的傳說由來已久。

三、結語

迎送王船，是台灣民間很常見的一種宗教儀式，著名的東港「王船祭」便是一個例子，而澎湖卻有反其道而行的「損王」習俗，表面看來是對駕臨村中的王爺不敬，但實際上卻顯示了王爺的親民愛民，不會為了一己的送往迎來，而影響到村中百姓的生計。有關「棄老」、「食老」的傳說，雖然駭人聽聞，但應不是空穴來風，而是先民們對古老記憶的追述。而「美國人的由來」則顯示出早年純樸善良的百姓們，對首次接觸到的異國人種，一種輕視、嘲笑的心態。至於其他傳說，如「吃素不可以吃蔥蒜、韭菜」、「南斗註生、北斗註死」、「印泥可以避邪」等傳說，則是對一些民間一些相沿成俗的說法，

〔註106〕同註七十八。頁二一六。
〔註107〕同註十一。頁一八五。

提出了解釋或證明，有的則加進了一些地方說法，比如說在丁蘭「刻木事親」
的故事中，加入了丁蘭發明用貝殼做茭杯的小插曲。這些傳說雖然內容多樣
複雜，但卻顯示出澎湖它獨有的地方特色。

第八章　澎湖民間故事的傳播現象

第一節　澎湖民間故事的講述及傳播

一、講述者對民間故事的認知

何謂「民間故事」？在學理上自有其定義。但對一般的澎湖民眾而言，「民間故事」是什麼？卻有他們自己的答案。在筆者隨著金師榮華帶領的民間文學採錄小組，至澎湖各地採錄的過程中發覺，老一輩的民眾（約六十歲以上），對於民間故事的認知，大都認為民間故事是：「說給小孩子們聽的」、「騙人的」、「荒唐的」、「不可靠」的東西。而這些東西是不適合對我們這些教授、博士、老師們講述的。因此在採錄的過程中，通常必需花一些時間講通彼此的觀念。但在隨後的講述活動中，他們仍然相當強調內容的真實性，「不是真的哪能講！」是他們共同的想法，惟有真實可靠的東西，他們才願意說出來讓我們記錄。

因此在澎湖採集到的民間故事（廣義的），十之八九都是傳說而非故事（狹義的），若非採錄者的詢問，講述者往往熱衷於述說廟裡神明的靈感事蹟、建廟傳奇、張百萬的發跡傳說、蔡進士的聰明機智。偶爾，由於採錄者的詢問，簡單說了一些故事，但隨即，話題又被拉回他們熟悉的宮廟、人物之中。他們不知道這些故事嗎？據筆者的觀察，他們是知道的。但是不願意說，為什麼？因為這些都是「假的」、「不可靠的」，是不能說給教授們聽的。

曾經有這麼一件事，文化大學的採錄小組，至馬公市菜園里採錄一位老

先生和他的朋友，如前文所述的，老先生講了一些「真的」故事提供採錄。
中途，採錄者試圖引導老先生說一些比較「荒唐、不可靠」的故事，但老先
生說故事都是大人講來騙小孩的，都是假的，不能說。採錄者開玩笑的說：「那
你被騙了什麼？可不可以告訴我？」老先生支支吾吾了一會，忽然脫口而出
的說：「像『天住在厝頂』那種騙人的事怎麼可以說！」採錄者一聽，趕快請
老先生說一說這個故事，禁不起採錄者的要求，老先生便說了以下這個故事。

> 以前天是貼在我們屋頂上面的，那時候我們把高粱的桿子綁成一束，
> 用來打掃東西，有人用高粱桿刷尿桶後，又用來清理天。天怕臭，
> 就越躲越高、越躲越高了。〔註1〕

這是一個極有趣的故事，受到採錄者的鼓勵，老先生才又說了一則「地底有
人」的故事：

> 有人挖井，挖到下面時，聽到有人在下面說：「你挖到我的厝角了，
> 不要再挖了！」〔註2〕

很有意思的小故事，不是嗎？但在老一輩人的觀念中，這些事荒唐至極，哪
有可能是真的！私底下說給孫子聽聽無妨。但真的要公開說出來，是會被人
家笑的。通常，經過適當的溝通引導，大多數的講述者，願意把這些「荒唐」
的故事說出來讓我們採錄，但亦有非常堅決者，如林老先生便是一例。

　　當筆者和另一位同伴去採錄他時，他以為我們是要做「口述歷史」所以
才答應接受採錄，等明白我們的來意後，他說故事這東西都是騙人的，他是
不講故事的。我們問：「當你兒子、孫子還小時，是不是會說故事給他們聽？
都說些什麼故事？」他回答說：「都是說伊索寓言、二十四孝這類有教育意義
的故事給他們聽。」我們看此路不通，便換個方法問：「可不可以講一些澎湖
當地，比較可靠的傳說？」答曰：「那些傳說，大家是這麼說啦！但我也不知
道那些到底是真的還是假的，所以不能亂說，說錯了不好。」「那你知不知道
張百萬、蔡進士這些人的事？」「這些事也不能亂說，他們的後人現在都還在，
我要是說錯了怎麼辦？」

　　最後，我們不要老先生說故事，只請教他，是否知道或聽過別人講這些
「有的沒的」的故事。他的答案是肯定的，他的確知道一些澎湖的傳說故事，

〔註1〕金榮華：《澎湖縣民間故事集》，（台北中國口傳文學學會‧民國八十九年十
　　　月），頁三。
〔註2〕同前註。頁二三七。

但在強烈的道德感下，不願意讓這些故事再流傳出去。如林老先生這種堅決的人很少，但他對民間故事的觀念、看法，卻可以作為一般澎湖老一輩的代表。

這種強烈的道德感不僅反應在講述的過程中，更反應在故事內容上，不是教忠教孝，便是含有教訓的意義，如在〈誰的膽子大〉故事中，講述者便說：「這是叫人不要隨便亂開玩笑的故事。」〔註3〕在〈李土〉的故事中，講述者藉著故事中的人物說：「做人不可以瞧不起別人。」〔註4〕在〈人為財死〉故事的最後，講述者說：「這就是貪心的下場。」〔註5〕

相對於老一輩的保守、道德意識，中壯年者（約四五十歲）的觀念便開放許多，不僅樂於和我們配合，並且肯定採錄的必要性，遺憾的是相對於老一輩，這些中壯年知道的故事，明顯少了許多。我們常聽到的是：「如果你們早幾年來，我奶奶（爺爺、爸爸……）還在的話，他就可以講很多故事給你們聽。」或是：「從前那個某某人很會講故事，可惜現在已經過世了。」

總結筆者在澎湖採錄的經驗，由於講述者對「民間故事」有其獨特的認知，導致採錄到的澎湖民間故事以傳說為主。十之八九都是以當地宮廟、人物、地方風物為主題的傳說。至於「蛇郎君」、「白賊七」之類的故事很少，幾乎沒有。唐蕙韻學妹在金門的採錄情況也是如此，她對金門的採錄成果，做了以下結論：

> 至目前為止，除地方傳說和生活故事之外，金門口傳的傳統上幾乎不聞得如「龜兔賽跑」一類的童話故事或「田螺姑娘」一類的幻想故事之流傳，甚至也問不到完整的「虎姑婆」故事。……雖然有採錄者嘗試著以說故事引故事的方式去採訪這一類的故事，但所得的回答常是「那是隨便說說的（胡說八道的）」，或者是講述者一陣尷尬的嘩然或是默然，旋即仍回頭講述其所熟悉而熱衷的傳說故事……。

> 相對於對童話故事和幻想故事的尷尬和沉默，金門民間故事的講述活動上，對於地方上的歷史名人或顯赫家族的族史及深入於每個生活空間的廟宇、神靈的傳說，有著由衷的興趣與高度的熱情，不論

〔註3〕同註一。頁二二八。

〔註4〕同註一。頁一七二。

〔註5〕姜佩君：《澎湖民間傳說》，（台北聖環出版社，民國八十七年六月），頁二二○。

講者或聽者，在故事講述中都能有因為熟悉而有切身的參與感和情感共鳴。許多講述者在講出一個故事前，或講完一個故事後，每每要重複地說「這是真實的」、「沒有事實的怎麼能亂講」等等強調故事真實性的話，並且往往會帶附舉述傳說主角的故居或事物的現況為證，證明所言不虛。〔註6〕

唐蕙韻學妹在金門採錄的結論，完全可以套用在澎湖，絲毫不差。兩地長者如此嚴肅而慎重的講述民間故事，似乎意味著，在老一輩心中，民間故事的文化意義與道德傳統，還是凌駕在它的文學性、趣味性之上的。

二、澎湖民間故事的講述活動

如前文所述，由於大多數的講述者皆講述「真實的」故事，因此，當採錄者欲進一步追溯故事的來源時，他們便理直氣壯的說：「這是事實，大家都知道的啊！」使得故事的源頭無法追溯，不能更進一步了解澎湖民間故事的講述活動及傳播方式。但幸運的，還是有幾位講述者，比較明確的告訴我們他的故事由來。東衛的蔡先生說：「我們家以前住西嶼，隔壁有一位阿婆很會說故事，她要是現在還在的話，差不多九十多、一百多歲了。那時我們附近的小孩，只要吃完晚飯，便都搬著一張小凳子，自動到阿婆家集合，等阿婆說故事給我們聽，我的故事，差不多都是從那時聽來的。」〔註7〕另一位望安的陳老太太說：「我爸爸他有時沒出海，心情好的時候，就會拉胡琴說故事給我們聽，那時我們全部的孩子就會圍過去聽。」〔註8〕此外，陳勁榛學長亦記了一則相關記錄：

曾先生謂：日據時期歌仔簿中有白賊七故事。歌仔簿所錄，俗所謂七字仔是也。而今此所述，則聞自郭胎。郭胎，為先生之長輩，稍習漢文而不甚深入。六十餘年前，先生十數歲時，晚餐後輒偕鄰里諸婦人孺子，攜椅凳至今張國欽家，聆聽郭胎講古。時人稱為「胎伯」、「胎兄」、「胎仔」。夏日在庭院，冷涼時節則在客廳。講者往往

〔註6〕唐蕙韻：《金門民間傳說研究》，（台北中國文化大學中文研究所碩士論文，民國八十五年）頁一二五。
〔註7〕八十七年七月二十九日蔡先生於馬公市東衛里講述。陳勁榛、張百蓉、彭妙卿、羅賢淑、賴玲華採錄。
〔註8〕八十七年九月十三日陳女士於望安鄉講述。張百蓉、陳勁榛、姜佩君、劉秀美、蔡春雅採錄。

坐長條凳，敘事極為穩妥，不因事涉滑稽詼諧而自發笑屬，故能吸
引鄉里。蓋有天性，非關學問也。郭胎講述之首尾年限，自先生十
餘歲起，至二十餘歲郭氏亡故止，計十有餘年。而講述活動純屬休
閒，並未收費，不售利也。郭胎之子郭任貴，講古亦極穩適引人。
父子皆已仙去，若今尚在，父約百二十歲、子則九十歲矣。澎湖一
地，專於晚間講古者，實不多見。大要閒聊間及談笑而已，未見有
講古若郭氏父子之妥適周至者也。〔註9〕

以上三位講述者自述其幼年參與的講述活動，雖然不能代表整個澎湖的普遍
情況，但應有一定的代表性，可以作為參考。值得討論的是，如上述一般的
講述活動，是不是隨時隨地都可以發生？是否需要達到某些條件，才能造成
講述活動的形成？可不可能因為沒有（或很少）講述活動，而使得故事的傳
承中斷。

　　文化大學中研所的採錄小組，曾到「小門嶼」〔註10〕做採錄的工作，透
過村長的安排，一連訪問了數人，大家皆異口同聲的說：「小門這個地方，沒
什麼故事，但若要聽他們以前生活有多苦多苦的事，那他們有很多東西可以
講，講一天都講不完。」後來小組人員放棄了原來的安排，自行到小門做隨
機採錄，但所得結果還是一樣，隨機遇到的幾個人，仍然明確的表示：「小門
這地方很少聽到什麼故事。」事後，採錄人員將此事報告了領隊金師榮華，
金師聽了報告說：「我懷疑民間故事的產生或傳播，可能也是要經濟發展到達
某一種程度後，才會發生的。不然連飯都吃不飽，那有時間去說故事呢？」

　　的確，如果父母還要為明天的三餐發愁，他能心平氣和的拉胡琴、說故
事給孩子聽嗎？如果整個村子的經濟都很困難，老老少少全都要上船捕魚，
留下來的婦孺不是忙著操持家務，便是作些貼補家用的工作，哪來的老婆婆
說故事給小孩子聽呢？更進一步說，傳統的中國，大體上是個農業社會，過
的是日出而做，日落而息；春耕、夏耘、秋收、冬藏的日子，其生活作息可
以說是相當穩定，甚至是死板、一成不變的。因此晚飯後、整個冬季，多的
是談天說地、參與廟會、地方民俗活動的好機會。此種情形之下，民間故事
在口耳中代代相傳，似乎是很自然的事。

〔註9〕《澎湖縣馬公市鎖港里陳興先生白沙鄉中屯村曾元步先生民間故事採錄合編》，
　　　　（中國文化大學中文系文學組民間文學田野作業參考資料之二），頁九十九。
〔註10〕西嶼鄉所屬離島，現與西嶼有橋樑連接。

但澎湖則不然，澎湖不僅為典型的漁村，而且還是個僻處一隅的離島，先天上對外的交通即很不方便，外來的資訊（包含故事），並不容易傳播進來。而小門嶼更是離島中的離島，有橋和西嶼連接，也不過是這二十幾年的事，因此若說小門嶼沒有（或很少）外來的故事，理論上應該是可以成立。再加上漁村的作息，不若農村的穩定，漁民必需隨著季節的不同、潮汐洋流的變化、捕捉魚類的不同，而有不同的作息時間。即使不出海的日子（或人），也有「巡滬」〔註11〕、「照魚」〔註12〕、「抱墩」〔註13〕、「拾海菜」、「挽紫菜」、「拾螺」、「挖蛤」、整理魚具、魚獲的工作要作。

相對於農村生活的悠閒、穩定，漁村這種與海博鬥的日子，該是忙碌、緊張、而且時間被分割的很瑣碎的吧。此種情形下，漁村中，有多少機會可以聚集到適合的人們，一起聊天說故事呢？這恐怕就得如金師所說的，必須經濟發展到某一水準之後，這時人們才可能有比較多的時間、比較好的興緻，聚在一起談天說地一番。

因此，就筆者粗淺的觀察，認為，如果在相同的物質條件及經濟環境下，民間故事的傳播，在漁村可能較農村困難許多。「小門」的例子，則是上述說法的印證。小門的「沒有故事」，顯然是先天不良（為海外小島，外來故事不易傳入）、後天失調（經濟發展尚不能達到產生講述活動的條件）的結果。至於是否能將「小門」的這個例證，擴大解釋成澎湖為什麼「多傳說、少故事」的原因之一，則筆者不敢妄言。〔註14〕

〔註11〕澎湖當地利用硓𥑮石或玄武石塊，圍成內深外淺的石堤，稱為「石滬」。當海水漲潮時，便有魚群隨著海水進入石滬內覓食，退潮時，魚群就被圍在石滬內，無法出去。漁民算準退潮的時間，就會去「巡滬」，一日要巡二次。

〔註12〕在夜間利用照明設備，在潮間帶捕捉章魚、石鉅、爛腳仔等，軟體動物的漁作。（案：潮間帶係指滿潮線與低潮線間的海域。）

〔註13〕「墩」就是石堆，在潮間帶就地取用石材堆築而成。漲潮時，岩礁性底棲魚類會住進墩內；退潮時，漁民用魚網將墩圍圍住，再把石材搬出，在旁另疊新墩，然後起網得魚。

〔註14〕澎湖「多傳說、少故事」的原因，除了前文述及的講述者觀念之外，若用簡單的二分法來定義「傳說」及「故事」：傳說，為澎湖本地所產生的；故事，為外地所流傳進來的。如此，若套用「小門」的推理模式，是否可以這樣說：由於澎湖僻處海外一隅，交通不便，以至於先天上故事便比較少；而移民帶來的家鄉故事，亦因未達一定之經濟條件，而無法（很少）向下一代講述。有的，只有曾經「真實」發生過的事，在眾人渲染的情況下，逐漸形成傳說流傳。長久下來，遂造成澎湖「多傳說、少故事」的結果。

第二節　澎湖民間故事與現代傳播

　　現代由於科技發達，許多傳播工具的出現，改變了人們的生活環境，民間故事的傳播，也不再限於口耳間的流傳，報章雜誌的報導、電視劇的演出、專門性書籍的出版、網路的傳遞流通，在在都改變了民間故事原有的傳播模式。此種新的傳播方式會對民間故事造成何種改變或影響，目前尚無法斷言。本節僅就澎湖民間故事與現代傳播媒體互動之下所產生的一些現象略做探討。

一、報紙

（一）歐成山事件

　　數年前，曾有某記者在澎湖之地方報上，報導了不少澎湖民間故事、傳說，其內容頗得地方好評，但卻有人指稱這些報導是不實的報導，此種作為將會影響後代對澎湖的認知與瞭解，於是雙方打起了一場漫長的筆戰。就筆者訪談當事者雙方，所獲知的事情始末是這樣的：

1、事件始末

　　歐成山，現任《澎湖時報》記者，專寫地方民俗、文化、生活新聞。據其自述：他約於民國五十幾年，即進入《建國日報》擔任記者，中途約有七、八年至十年的時間，改至《聯合報》工作，至民國七十幾年後，又回到《建國日報》任職。民國八十六年《建國日報》停辦，隨即《澎湖時報》創刊，歐成山改以「尚慈」的筆名，繼續在《澎湖時報》擔任記者。

　　從早期的《建國日報》至今日的《澎湖時報》，數十年的期間，歐成山每天幾乎以一至數篇的新聞稿，大量報導澎湖各地方的民情、風俗、傳說、文物、建築、歷史、廟宇、神明、信仰……等各方面的報導，由於圖文並茂，言之成理，因此受到鄉親們的喜愛及肯定。《建國日報》甚至以「老歐話澎湖」、「薪傳」、「澎湖民間故事」、「澎湖傳統文化風俗與掌故」……等專欄刊登歐成山的文章。後來部分報導集結為《澎湖地名之旅》（澎湖縣政府出版）、《澎湖傳統文化風俗與掌故》（縣立文化中心出版）二書出版，相當受到各界的好評。有小學教師依據歐的報導，編輯「鄉土文化教材」；有學生剪貼歐的報導，做為報告繳交；更有有心人士，系統的剪輯歐的報導，加以分類收藏。因此，歐成山對提升澎湖民眾對自身文化的瞭解、喚起大眾對傳統及周遭古老事物的重視，的確是功不可沒。

　　民國八十三年，馬公高中之歷史教師蔡丁進，以其專業的學術素養，偶然發覺歐成山的報導有誤，以為只是歐的無心之過，便熱心的投書指正，但歐不僅不承認錯誤，反而要蔡回去多看些書。〔註 15〕此後，蔡陸續發現歐報導中的錯誤，最後，蔡終於發覺，歐報導中所謂的「澎湖故事」、「澎湖風俗」、「澎湖傳統文化」……，不是向壁虛構的，便是將「外地」的民俗文化史料改寫為澎湖的，他的報導幾乎無一可信。於是蔡開始採取動作，希望制止歐這種「貽誤後人」的行為。

　　蔡一方面將歐報導中抄襲、錯誤之處，一一為文列舉指正出來，希望能為澎湖的後代子孫留下一分正確的資料，一方面亦以實際行動阻止歐這種傷害澎湖行為。但奇怪的是，連旅居台北的澎湖學者余光弘先生都公開指出：「更可怪者，近年竟有地方報刊一再地以杜撰的『澎湖歷史』，混淆澎湖人對家鄉的認識。」〔註 16〕但相關單位對此卻仍然無動於衷。蔡曾向來澎訪視的監委陳情，但監委說這種事他管不著；向報社反應，報社置之不理，因為據說有很多人喜歡歐成山的報導；向縣長陳情，得不到明確的答覆；向文化中心、縣政府指出歐的作品有許多錯誤，必需先請專家學者審核通過才能公開出版，但仗義直言的結果是縣政府要辦他「妨害公務」（據蔡丁進口述）。直到今日，歐仍然以每天數則的新聞稿見報，蔡的「糾謬」文章，亦持續在累積當中，這個事件尚不知何時，才能有個明確的了斷。

2、雙方及各界看法

　　此事延宕數年，雙方各有其立場、說詞，各界人士亦略有耳聞，以下臚列雙方說法及各界看法，提供參考。

　　（1）歐成山：①其實中國各地的民俗文化都是差不多的。②澎湖早期的移民來自大陸各地，他們來時，各自帶了家鄉的風俗習慣來澎湖，只是這些風俗後來沒有變成澎湖文化的主流，但它的的確確曾經在澎湖流傳過，我寫的那些事，老一輩人都知道，只是批評我的人都太年輕，所以不知道。③我寫的這些東西，都是聽人家說的，有人這麼說，我就這麼寫，我是記者，不是學者，那些要引用我文章的人，應該自己再去做考證，不能把錯都算在我頭上。④我早年看的書很雜，所以有時下筆時，也分不清楚寫的東西是書上

〔註 15〕據民國八十四年一月三日《建國日報》第三版報導。

〔註 16〕余光弘：《清代的班兵與移民：澎湖的個案研究》，（台北稻鄉出版社·民國八十七年五月），頁十九。

看來的，還是從別人處聽來的。

（2）蔡丁進：①澎湖人不知道他們在怕什麼？以為事不關己，所以才會放縱歐成山在報上亂寫，都不敢管。②報社記者有時為了趕截稿，內容發生錯誤是在所難免的，但這是無心的，和歐成山蓄意的作假不一樣。歐成山的錯誤，我明明白白的寫出來，抄襲的部分也把原文找出來，但就是有人不信、不看，還把他的文章編成「鄉土教材」來教導學生，這樣下去還得了，澎湖的歷史都要被他改寫了！

（3）林文鎮：〔註17〕①歐成山的作品，十篇差不多有九篇是錯的，這我們知道，但我們的人力精力有限，與其去打這曠日廢時又不會有結果的筆仗，還不如將這分心力，用來提升民眾的文化水準上。俗話說：「有好的觀眾才有好的演員。」現在歐成山寫的東西，一般人根本弄不清楚對錯，我們如果和他打筆仗，只是讓大家看熱鬧罷了，誰是誰非他們也分不清楚，一點用也沒有。②由大環境來說，一些縣政府、公家機關做出來的研究報告或告示說明都還有錯誤發生，這樣怎能要求歐成山的作品不能沒有半點錯誤。③更重要的是我們自己要檢討，為什麼歐成山可以寫出這些打動人心、無法辨其對錯的作品。而我們這些科班出身的國文老師、歷史老師反而寫不出來。④其實不只是澎湖，很多地方報都有這種情形。

（4）一般民眾（筆者隨機詢問）：①記者寫的東西，本來就不可全信。②那種東西誰當真呀！看過就忘了。③應該沒什麼！不會那麼嚴重吧！④記者寫的東西，真的要抓毛病，一定抓的出來，歐成山和那個人一定有仇。⑤歐成山寫的都是「豪虛話」，根本沒那回事。⑥這種事地方報是可以容忍的。

　　上述各方的看法中，筆者以為，林文鎮所言，雖有其道理，但在作法上過於保守。以「采風」在澎湖的影響力、公信力，若能站出來聲明歐成山的報導不可信，呼籲報社不要刊登不實的報導，這樣縱使民眾無法分辨歐內容的對錯，也會對其報導持保留態度，不至於盡信。而歐成山的說辭，雖有推託之嫌，但不能說全錯。只是記者雖非學者專家，但亦有其一定的公信力，或許歐的作品，僅是一些鄉間老人，茶餘飯後無稽之談的記錄，但形諸文字時，還是應加以適當的求證或說明。再者，歐的作品不僅是錯誤，還包括「虛

〔註17〕澎湖采風文化學會理事長、馬公高中國文老師。「采風」為澎湖民間文化社團，對保存澎湖傳統文化、推動各項田野調查及相關研究不遺餘力，其成就深受澎湖各界重視。

構」、「抄襲」二部分，〔註18〕不論古今中外「抄襲」都是不可原諒的，何況還是無中生有的造假呢！因此在實際作法上，筆者是比較贊同蔡丁進的作法，應該要留下一份相對的資料，指出歐成山報導中的錯誤，留作後人參考。只是蔡丁進下筆，有時過於義憤，措辭激烈，流於謾罵，是其不足之處。

日前，據報載，縣政府計畫將《建國日報》上網，以利其他各地對澎湖的認識研究，時勢所趨，想來不久《澎湖時報》亦將上網，如此一來，歐成山不實報導的影響，將不止於澎湖而擴展於全台灣、全世界了。未來若有人跟據歐的報導來研究澎湖、認識澎湖時，該如何是好！〔註19〕

3、對民間故事的影響

歐成山的眾多報導中，包含了不少澎湖民間故事傳說，這些被認為不屬於澎湖的故事傳說，透過大眾傳播的力量，可能在澎湖生根流傳，成為真正的澎湖民間故事嗎？起初，筆者以為此種改編自其他地方的故事，自然不能稱為澎湖民間故事，但和金師榮華討論後，開始深思民間故事中「變異性」〔註20〕的問題。民間故事在傳播的過程中，為適應當地的地理環境，常會在細節上做一些改變。以前課堂上金師常舉的例子是聰明人和魔鬼比力氣的故事，在歐洲的版本中，聰明人捏的是「起司」，他把起司捏成汁而勝過捏碎石頭的魔鬼。但是這個故事傳到中國後，因為中國沒有「起司」，所以聰明人只好捏碎「雞蛋」，把雞蛋捏出汁來，勝過捏碎石頭的魔鬼。

故事中「起司」被改為「雞蛋」是一種「變異」，這種變異是刻意或無心造成的，目前已無法考證，假若這則故事是在最初傳進中國時，被講述者刻意改成「雞蛋」，使中國人民可以聽懂這個故事，那和歐成山將外地故事中的人事地物，改為澎湖的人事地物，再報導出來，有何不同？南方的「虎姑婆」

〔註18〕 關於歐成山之報導，請見「附錄二」，亦可參見蔡丁進所撰之《澎湖訂偽》一書。蔡丁進於八十九年二月，將所撰之糾謬文章，自印結集出版為《澎湖訂偽》一書。書中每篇前列歐成山之報導，後列辯證之資料、個人說明，以證所言不誣。

〔註19〕 筆者日前發覺有趙莒玲小姐所著之《台灣開發故事──離島地區》（天衛文化圖書有限公司·民國八十八年一月），中所提到的澎湖民俗文化部份，是引用歐成山《澎湖傳統文化風俗與掌故》（澎湖縣立文化中心·民國八十四年六月）的資料，但這些資料已被蔡丁進證明是錯誤虛構的，澎湖根本無此風俗習慣。

〔註20〕 一般而言「民間文學」有四大特性：集體性、口傳性、變異性、傳承性。見鐘敬文：《民間文學概論》，（上海文藝出版社出版·一九八〇年七月），頁三十六。

到了北方就成為「狼外婆」，流傳中國內地的「包公辦案」，到了澎湖就成為「蔡進士辦案」，〔註21〕所以故事會隨著流傳地區的改變而改變是必然的。如此的話，這和歐成山將書中看來的外地故事，加以改編後，說這是澎湖民間故事的情形有何不同？我們能說民間故事中的「變異性」都是「無心」的、「不自覺」的，而且是「自然流傳」的，所以福建的民間故事（如白賊七、丘罔舍、傻女婿等故事）傳進台灣後，便可以成為台灣民間故事，而歐成山的改作則因為是「有心」、「刻意」並且用報紙來傳播的，所以他報導的故事便不可以成為澎湖民間故事。同樣都是「變異」，二者到底有何不同？關於這個問題可以從「動機」及「傳播」二方面來談。

首先，我們可以確定的是，故事在傳播的過程中，改變是必然的，但是這種改變是在什麼情形下產生的，我們無從考查，或許是有心，或許是無心，但無論有心無心，在改變的過程中，相信應不存在蓄意欺騙及謀利的動機，也不會公開的向大眾宣稱：「這就是某某地方的民間故事。」但歐成山則不然，整件事一開始便是一種欺騙的行為，除了刻意的改寫外，更利用大眾媒體的傳播力量，向大家公告：「這就是澎湖民間故事。」並且以此為生、以此謀利。因此從動機來說，歐成山的報導，是欺騙，是不可取的。然而動機雖不可取，故事卻不一定不可取，因為書只是一時一地的記錄，書上說這是河南的故事，並不代表澎湖就絕對沒有類似的故事，歐成山抄來的故事也可能曾經在澎湖流傳過，只是未被發現罷了！所以除非我們能證明這些故事「從未」在澎湖流傳過，否則不能全盤否定歐成山所報導的故事。

其次，若不論動機，僅由傳播的角度來看，若這些故事在報導後，已經開始為人們講述，並且被採錄到，是否就可以承認它是澎湖的民間故事？八十七年下學期，學生交來的一份採錄報告，有一則這樣的故事：

> 從前天后宮叫「無憂宮」，為什麼叫「無憂宮」呢？因為古時候有一個西文人，他欠了人一筆債，以前有一個習慣，要是在新年以前，債主要不到債，這筆債就不算了，所以他欠了一筆債，沒辦法還，只好跑到天后宮去躲起來。躲了沒多久，一個從唐山來的人也躲進來，同樣也是為了躲債。起初這個西文人嚇一跳，以為他是來討債的，一問之下，才知道兩人原來都是來躲債的。這位唐山人問這個西文人說：「你總共欠了人多少錢？」他說：「欠三十兩銀子。」這

〔註21〕蔡進士，名廷蘭。澎湖名人，傳說蔡進士江西為官時，曾辦了幾件奇案。

位唐山人二話不說，就拿出三十兩，叫他趕快去還債，並且跟他說：「我欠的是三十兩金子，所以這三十兩銀子你拿去還人，等還完了再來找我。我覺得和你很投緣，到時候我們再來商量商量一起做個小生意。」這個西文人很感謝他，就把錢拿去還。第二天依照約定去找這個唐山人，兩個人商量後，決定作賣米的生意。經過一年的奮鬥，賺了不少錢，這時二人臉上就有了笑容，就跟人家說：「我們一年前為了躲債，跑去天后宮，那時二個人都欠了一身的債，一身的憂愁，哪知道從天后宮出來後，所有的憂愁都沒了，所以我們私底下就決定叫它『無憂宮』。」〔註22〕

這則故事與歐成山於八十三年九月七日《建國日報》第三版，標題為「本縣一級古蹟天后宮又名──無憂宮」的報導內容大致相同：

【記者歐成山特稿】本縣一級古蹟天后宮，又名「無憂宮」，知道「無憂宮」由來的人可能不多，但是現在九十歲以上的馬公市中央里高齡居民應該知道，至少也曾聽說過。「無憂宮」的「典故」，是清朝光緒年間，天后宮廟祝陳知足講的，代代相傳迄今；陳知足是「媽宮社」（今馬公市）「南甲」（今中央里）人，可能是現任馬公市公所公務員陳等發的先代族親（尚待查證）。

陳知足說，有一年除夕，一位姓林的「暗澳」（今西文里）人，因為經商失敗，欠別人卅兩銀子，恐怕被討債，悄悄躲進天后宮內神桌下「逃債」。真是巧合，當夜又有一位自稱「唐山人」（大陸人），也躲入天后宮內神桌下，姓林的「暗澳」人看到有人潛進來，嚇出一身冷汗，以為是要債的人找來了，但看清楚不是後才放心地說：「我是逃債的，你是誰？」「唐山人」說：「彼此彼此。」既然兩個人遭遇相同，就談得很投機，互相安慰起來；依照古代商界慣例，過了今夜（除夕夜），次日是大年初一就不可以向別人討債了。「你欠人多少錢？」唐山人問。「卅兩。」姓林的說。「唐山人」馬上從腰袋裡拿出卅兩銀子，交給姓林的說：「我欠別人卅兩金子，你只欠卅兩銀子，不要怕，這卅兩拿去還了，明天再來這裡找我，咱們好好盤算盤算，合夥做生意」。從此，兩個人成了好朋友，並在「渡頭街」（今中央里海邊）開了家「糧行」（米店），一年後賺了許多銀子，

〔註22〕易英信先生於八十七年十一月十一日通梁講述。王瑋逸、林東震等採錄。

原本除夕夜裡令人憂愁地潛入天后宮內逃債，但未料到大年初一「出宮」後只不過一年光景居然變成富翁，因此兩人就叫天后宮是「無憂宮」。

據蔡丁進的說法，歐成山的這篇報導，是抄襲《中國傳奇》中的〈不憂廟的傳說〉：

> 不憂廟，在河南，供的是天后，據說從前有一個小販，因年關結賬，負債數十元，恐怕債主追討，迫得跑到這個天后廟來避債，你想這般淺的廟兒，那裏有給他藏身的處所？他於無可奈何中，隱伏在「琴抬」（即神案）底下，以為這黑暗的地方，還有那個人來找尋？但出乎他意料之外，忽然有一個人，匍匐進來！他害怕債主追而至，怎生是好，不料定睛一看，原是很「生份」（素昧生平的）的；於是兩下問起情由，才知彼此合調，同病也應相憐！他避債的可憐，竟給個進來的商人笑了一笑，因為這個商人所避的，不下幾萬金，他區區數十，也弄到這樣，你說好笑不好笑。商人究竟是商人，便在袋裏拿了百元之數給他，說道：「我欠人家幾萬，才這樣地來避，你欠下幾十金，何苦來此，來！這裏一百，拿回家去清還吧！」他喜出望外，於感謝商人之外，便商請他到自己家裏去，「這個骯髒的地方，你那裏住得來？不如到我家裏小避，雖然不軒昂，比這裏倒乾淨。」商人也依從前往。此後，他們倆便成為知己了！不久，大家合夥經商，節節溢利，因而致富。後人說此廟神靈默佑，所以叫做「不憂」。
> 〔註23〕

上面這三則故事，推究其關係似乎是這樣的：講述者是依據歐成山的報導來的，〔註24〕歐成山的報導又是依據〈不憂廟的傳說〉來的。如此說來，澎湖的「無憂宮傳說」的確是抄襲河南「不憂廟的傳說」，而且已經造成流傳了！但若進一步查閱丁乃通先生的《中國民間故事類型索引》，則會在編號七四五*標題為「負債人同病相憐，雙雙得救」條看到這些說明：

> 一個商人（或賭徒）經商失敗，負債累累，大除夕還賬的時候，為了躲避債主，逃到一個遙遠的廟宇（山洞）裡，他發現一個農民或一個窮人，也在躲債。但是那人欠的錢很少，他袋裡的錢夠還，因

〔註23〕《中國傳奇》（台北華嚴出版社・八十四年七月修訂版）頁二〇二。
〔註24〕經筆者的追蹤，這則故事是講述者由報上看來的。

> 此他把錢給了農夫救急。這農民償清欠債後，送飯到廟裡給他的恩
> 人吃。在他回家的路上，被一塊石頭絆倒。為了方便其他行路人，
> 他把石頭搬開，沒想到發現石頭下面埋著一大罐金子（銀子），他和
> 恩人分享了，從此兩人都變得富裕起來。〔註25〕

原來，不管「無憂宮」或「不憂廟」根本是一則流傳很廣的民間故事，在浙江、上海、廣州、紹興、寧波、杭州等地都有類似的故事流傳。而民間故事在流傳的過程中，往往會附會在當地的人事地物上，而以傳說的面貌顯示出來。至於它是自然而然的附會上去，或是人為加以刻意的改變附會，我們無法得知的，但一般都將它視為當地的傳說，應該是可以肯定的。如此說來，歐成山的報導，似乎也可以被視為澎湖傳說，況且又已經有人接受、講述了。但這些故事明明又像是抄的，真的可以算是澎湖民間故事嗎？之所以會讓人有這種感覺，筆者以為這由於傳播方式的不同，所給予人們不同的觀感。

經由口耳的相傳，聽到了河南地方的傳說，再藉由口耳把它傳播出去，是一種傳播方式；透過閱讀書籍的方式，知道河南地方的傳說，再籍著報紙傳播出去，也是一種傳播方式。二者同樣是傳播故事，但由於傳播方法的不同，所以帶給人們的觀感也不同。用現代的傳播方式（報紙），由於是刻意、大量、快速、公開的傳播，影響的層面較大，所以被視為抄襲；用傳統自然、口耳、小眾、緩慢的方式傳播，影響的層面較大小，所以就被認可。但這樣心態合理嗎？假設這則故事，在河北發現更早的記錄——〈不憂寺傳說〉，我們會說河南的〈不憂廟傳說〉是「抄襲」河北的〈不憂寺傳說〉，還是說故事已經由河北傳向河南了呢？我想應該是後者吧！如此，何以同樣的故事再由河南傳到澎湖就被視為「抄襲」，只因為它是用現代的傳播方式來傳播的。

筆者不是否定歐成山「抄襲改寫」的事實，只是想藉此討論這種「抄襲改寫」可不可能被視為「現代傳播方式」的一種？所謂「時遷法亦遷」，時代在變，傳播的工具也在變，利用書籍、電腦、報章雜誌來傳播故事已是無法避免的趨勢，因此單就「民間故事」這項，是不是可以採用較寬容的眼光來認定說：歐成山的「抄襲」，只是用「現代的傳播工具」加以「自覺的改變」來傳播民間故事呢？自然，即使我們可以用寬容的角度來看這些故事，這些故事能否被澎湖地區的百姓接受，真正在澎湖人的口耳間傳播開來，真正落

〔註25〕丁乃通：《中國民間故事類型索引》，（北京中國民間文藝出版社·一九八六年七月），頁二三五。

地生根的成為澎湖民間故事，還得經由時間的驗證，目前無法下結論。

歐成山對民間故事的報導，大致可分為二類：一類是「有所本」的，也就是歐成山做的是「改寫」的工作，將書中看來的故事改寫為澎湖的故事，如上述「無憂宮的傳說」便是一個例子。另一類則是「無所本」的，也就是歐成山做的是「虛構」的工作，請看以下這個例子，這是歐成山於民國八十三年十月十二日的《建國日報》報導的一則澎湖地名傳說：

> 赤馬村古代地名叫「緝馬灣」，現在西嶼鄉許多高齡居民還是叫「緝馬灣」。顧名思義，這是一處查走失馬匹的地方。原來，在元朝政權敗亡那一年(公元一三八一年)，元朝派在澎湖的駐軍——「澎湖寨」中，養了一百多匹蒙古馬，當年秋天，元軍開出三艘戰船，載著五十多匹馬，要運回大陸，但是當戰船開到西嶼島西岸時，卻邂逅了前來接管澎湖的明朝海軍。元軍只好將戰船向南岸開，避免被明軍逮捕，但是，明朝海軍發現元朝船向南岸逃走，緊追不捨，元軍已知無處可逃，立即在西嶼島南岸一處海灣停泊，並將五十多匹馬放上岸去。明軍為了抓到那些蒙古馬，就在元軍放走馬的海灣登陸，查緝那五十多匹走失的馬，因此將此地取名叫做「緝馬灣」，至今已有六百多年歷史了，仍然有人叫「緝馬灣」，十分耐人尋味。

稍晚，在歐成山的著作《澎湖地名之旅》也作了這樣的報導：

> 相傳，在元朝末期、明朝初期的政權交替年代，澎湖的社會秩序混亂，在澎湖做官的蒙古人忙著撤回大陸，漢人則以戰勝者姿態來到澎湖，在古代，不同民族的官僚要辦理政權移交，彆扭情形可想而知。蒙古人治理澎湖的時間雖然不長，但是因為他們喜愛騎馬，因此在澎湖養了一百匹左右的馬，兩個民族的地方官吏在辦理地方政權及財物移交時，蒙古人故意將一百匹左右的馬放走，但明朝朝廷派到澎湖來接管的武官吳禎，卻知道澎湖有不少馬，可是在移交時居然不見一匹。此時，因為「倭寇」(日本海盜) 乘元、明兩個政權交替的空隙，占據澎湖作亂，於是吳禎將軍一邊派兵驅逐「倭寇」一邊到處尋找蒙古馬，果然，吳禎的一支小部隊驅逐「倭寇」到了西嶼鄉南部時，突然發現有一群約數十匹的蒙古馬，聚集在一個小村落東側坡地下躺著休息，距離坡地東邊約幾十步路遠是個港灣。吳禎將軍的部屬將數十匹蒙古馬逮捕馴服後，即放棄驅逐「倭寇」，

將這一群馬帶回「媽宮」（今馬公市區），部隊臨走前，就將這個小村落取名叫做「緝馬灣」，因此一直沿襲到現在，目前老一輩的西嶼鄉民仍然不叫「赤馬村」，而叫「緝馬灣」。吳禎將軍部屬取名「緝馬灣」的時間，約在明朝洪武七年前後（公元一三七〇年前後）。在清朝時代，「緝馬灣社」屬「西嶼澳」管轄，迄今已有六百多年歷年，光後後改為「赤馬村」，「赤馬」與棕紅色的蒙古馬頗吻合。〔註26〕

第一則報導的時間是西元一三八一年，事由是明軍查緝元軍放上岸的五十多匹馬；第二則報導的時間是西元一三七〇年，事由是明軍在驅逐倭寇時，偶然發現數十四馬。這二則都是歐成山的報導，都是講赤馬村的地名由來，但內容卻有如此的差異，無怪乎有人起疑，認為這是他虛構出來的，若這則傳說真是虛構的，那「赤馬」村的地名由來到底為何呢？根據師大陳憲明教授的考證是這樣的：

現在西嶼鄉赤馬村的很多家戶都還保留有緝馬灣（chhib-a-wan）的舊門牌，因地名被改了，所以更顯得此舊門牌的文化價值。新舊地名都有「馬」字，相當的特殊，依我的推測，原地名的「緝馬灣」應該是指該地的先民曾在海灣使用緝仔網（chhib-a-bang）捉魚的意思，所以「馬」字只是口語「緝仔 chhib-a」尾音 ba 的借用字而已。澎湖所講的緝仔網，至今很多漁村仍用它在石滬內撈魚（見本文所附照片及本刊第 1 期第 8 頁之附圖），目前赤馬楊家石滬捕魚的輔助網具也是緝仔網（即叉手網）。至於現在的新地名——赤馬，實在就一時難以讓人做鄉土意義的聯想啦！我也未問過當地人，到底這個新地名有何意涵。不過，我聽當地老一輩的人常將「緝馬灣chhib-a-wan」三音縮減成兩音，說 chia-wan，chia 這個音若要寫出文字則以「赤」最為貼，照這樣三個字的地名若要改成二個字，應該用「赤灣」才對，但是當初改地名時，卻捨「灣」而取「馬」，所以才出今天的「赤馬」。

地名是承載著一個地方的自然與文化的符號，並無雅與不雅的問題，照理不可因某些因素而更改，既然地名由緝馬灣變赤馬了，在此我就再為「赤馬」的意涵，嘗試個一個合理化的詮釋。赤馬這個地方，

〔註26〕歐成山：《澎湖地名之旅》，（澎湖縣政府‧民國八十五年七月），頁一五六。

有如下的一個造神神話：相傳在二百餘年前的某日夜晚，緝馬灣聚
落的西北方，突然出現三點火星（火花）閃爍著，於是便有乩童乩
示說：「有朱、柳、李三王爺要入港」，不久居民就請王入港來村巡
狩，後來居民拜請此三王爺永久駐留村境守護，並為神建廟。因為
信徒不便對神明指名道姓，乃以與朱、柳、李有相關意義的赤、樊、
桃三字做為廟名，分別象徵著三王爺鎮殿。現在赤馬二字可能是取
其村廟赤樊桃殿的「赤」和原地名緝馬灣的「馬」湊合而成，這樣
赤馬這個「所在 place」實在就是人、神交融的神聖空間了。〔註27〕
比較陳憲明的考證及歐成山的說法，顯然前者的說法是較合情合理的，而歐
成山的說法應該就是「虛構」出來的，既然是虛構的，自然這些故事便不能
算是澎湖的地方傳說了，是嗎？試問，「虛構」是不是一種「創造」？有哪些
傳說故事不是虛構創造出來的？「傳說萬軍井」是施琅以劍插地而來的，這
是真實的嗎？望安的文石據說是呂洞賓的「仙屎」變成的，這是真實的嗎？
張百萬撿黑金一夕致富，是真實的事嗎？望夫石會是思夫的妻子所變的嗎？

　　就字面而言，「緝馬」二字，本來就很容易讓人望文生義的解釋為：「追
緝馬匹」，而望文生義，不也是民間故事產生的原因之一？古籍中曾因「望文
生義」而留下「郢書燕說」這句成語，那何以前人虛構出來的，我們便承認
它是傳說、故事，而歐成山「虛構」出來的，我們就指其「造假」、「偽作」，
而非「創作」，只因為他是現代人？試問古人的「虛構」和今人的「虛構」有
何不同？用口「虛構」和用筆「虛構」有何不同？

　　古人的「虛構」和歐成山的「虛構」，唯一不同的僅在於時間，古人的「虛
構」已經經過長時間的流傳，通過了時間的考驗，為當地人民所接受，成為
當地的傳說。但是歐成山的「虛構」則時日尚短，仍在接受時間的考驗中，
其結果仍未可知。所以對歐成山「虛構」的傳說故事，可以不喜歡、可以不
接受，但必須承認它的存在。此外，現在大陸地區還有所謂的「故事家」，專
門說故事、編故事。歐成山編了這麼多澎湖故事傳說，是否可以稱得上「故
事家」筆者不知道，但筆者知道的是，時代在進步，傳播的方式在進步，傳
統的觀念也要進步，如果只有「以前」的才算對，現在的都是錯，則現代故
事則無由產生、無由傳播了。

〔註27〕陳憲明〈西嶼緝馬灣的石滬漁業與其社會文化〉，（澎湖《硓𥑮石》第二期・
　　　　民國八十五年三月，）頁三。

4、結語

就歷史文化的角度來看，歐成山的不實報導，的確不可取。但若由民間文學的角度來看，那些所謂「抄襲」、「虛構」的故事傳說，是否該完全棄如敝屣，完全不予承認，便很有討論的空間了。

再者，這些作品終究是被寫出來，也傳播出去了，甚至也被採錄到了，是否就可以認定它們就是澎湖民間故事呢？筆者不敢妄言，只能說讓這些作品留待時間的檢驗吧！何以言此？民間文學的特性之一是「傳承性」，這是指民俗文化在時間上傳衍的連續性，〔註28〕也就是說故事不是被創造出來就算了，也不是有一、二個人講述它就可以的，一個故事之所以可以成為當地的故事，必需是可以為大多數人民所接受，且樂於將它傳述下去的，一代又一代，就如同現代還可以聽到四眼井、黑水溝的故事一樣。而故事是否能被傳承下去，就得看這個故事是否符合此地的民情風俗及觀念認知，這就是所謂的「傳統」，若是能符合傳統，則有流傳下去的可能，若不然，很可能只是短暫的曇花一現便消失無蹤。

所以歐成山報導的故事，不論是「虛構」或「改寫」，距今不過數年的時間，這些作品是否已經通過「傳統」考驗，為澎湖的人民所接受，真正成為澎湖民間故事，還是在幾年後，隨著大家的記憶煙消雲散呢？這一切都是未可知的，所以對於歐成山報導的故事，是不是可以承認它是澎湖民間故事，筆者並不給予定論，且留待時間來檢驗吧。

（二）其他

《澎湖時報》記者群中，會報導地方鄉野傳奇之記者並不只歐成山一人，其中的宋國正記者，似乎也學習了歐成山的報導方式，來傳播民間故事，請看以下這則報導：

許家村「大宅內」傳聞是一雞母奇穴

當年主人家大業大何等風光　而今只剩一間空屋和改建的二樓洋房細說端詳

擁有豐富人文特色、自然景觀的湖西許家村，村內除擁有虎頭山充滿傳奇色彩外，其廟前的貝殼牆也成為地方色，但鮮少有人知曉在位於許家村北方五十八號廢　的「大宅內」，相傳是一「雞母奇穴」，

〔註28〕鍾敬文：《民俗學概論》（上海文藝出版社・一九九八年十二月）頁十三。

其中也有一段神奇的傳說。

地方耆老說，在位於許家村北方五十八號廢墟一帶，俗稱「大宅內」。相傳許家頂社第十九代孫在世時，曾是經營台廈貿易的大富翁，全盛時期曾經擁有十三艘三桅商船（俗稱龜仔船），並在當地建造十三間大厝（習稱頂厝），同時書有「江山萬古在」五個大字在大厝門前以炫耀當時的風光。由於當年大宅內主人家大業大，何等風光，但何以現在僅剩一間空屋和一間改建的二樓洋房呢？其中也有一段傳說。

當地耆老表示，數百年前的一個下雨天，一位遠從大陸唐山賣布的商人途經要求入屋避雨時，但卻遭大宅內主人以弄濕房子為由所婉拒，心有不甘的布販因是一位精通風水術士的奇人，當他目睹大厝前書有「江山萬古在」的詩句時，隨即在下方寫下「風雨一時間」以為下聯，其意思是想破解屋主的財運。但由於當地十三間大厝正巧興建在氣勢興旺的雞母奇穴上，因此一時難以奏效。於是布販又生一計，以託人去遊說屋主，建議屋主用花崗岩從頂厝舖設一條「白石路」到澳仔溝（又稱橋頭，位於今社區活動中心東北）再造一座白石橋，以方便民眾通行，（由於該處原是海水與溝水匯流處，必須涉水方可通過）。因此屋主覺得可行，於是採納興建。

耆老又說，當石橋甫一興建完成後，頂厝的十三艘龜仔船即在開往廈門途中遭遇風浪而翻覆。雖有部份倖存者隨風浪漂流至彰化鹿港落腳，但許家號稱大宅內的偌大家業就在「風雨一時間」化為烏有。後來曾有精通風水術士之高人途經指點，原來白石路形似一條白蛇，是唐山布販故意設計用來剋制雞母奇穴，敗其偌大家業的。

昔日風光的許家大宅內，在經過一番風雨之後，終於財盡人散，如今只剩下一些壁痕殘跡，埋沒於荒煙蔓草之中，但其神奇的傳說，至今仍為鄉民所津津樂道。〔註29〕

這則報導洋洋灑灑的佔了報紙很大的篇幅，但實際上是抄襲自《湖西鄉社區資源集錦》第四章第一節的〈傳說與典故〉：

許家村北方五十八號廢墟一帶，俗稱「大宅內」。相傳許家頂社在第

〔註29〕八十九年十一月十五日《澎湖時報》。

十九代子孫時，曾是經營台廈貿易的大富翁。最盛時期曾經擁有過十三艘三桅商船（俗稱龜仔船），在當地建造了十三間大厝（習稱「頂厝」），現在只剩一間空屋和一間改建的二樓洋房。當年主人因為家大業大而驕傲的在大厝前標舉「江山萬古在」五個大字向人炫耀。

有一個下雨天，來了一位賣布的唐山客要求入屋避雨。主人卻唯恐房屋被弄髒而拒絕了布販。這位略通風水的布販便為大門口的「江山萬古在」對了一句「風雨一時間」的下聯，想要破壞屋主的財運。

可是一時難以奏效，經過一番踏勘才發現十三間大厝剛好蓋在氣勢興旺的雞母穴上。於是再生一計，託人遊說屋主，利用花崗岩從頂厝鋪一條「白石路」到澳仔溝（又稱橋頭，位於今社區活動中心東北）再造一座白石橋，以方便家人通行（這裡原是海水與溝水匯流處，必須涉水才能通過）。屋主覺得有道理就決定照辦。

石橋完成不久後，頂厝的十三艘龜仔船就在開往廈門的航程中遭遇大風雨而翻覆。部份倖存者飄到彰化鹿港去落腳，偌大的家業在「風雨一時間」化為烏有。原來這條白石路形似一條白蛇，是那位唐山布販故意設計來剋制雞母穴的計謀，大宅內經過一番風雨之後，終於財盡人散，如今只剩下一些壁痕殘跡，在荒煙蔓草間供人憑弔。

〔註30〕

這篇報導雖然是抄襲的，但因其源頭為澎湖文化中心出版之刊物，因此便不似歐成山的報導，有「是否為澎湖民間故事」的爭議，但其心態仍是相當可議的。澎湖的地方報紙，在政經、社會新聞之餘，常以一些鄉野傳奇、地方傳說來填充版面，但地方報的記者，不僅不善盡採訪報導之責，甚至還抄襲虛構，欺騙了廣大的民眾，長此下來，真不知會對澎湖民間故事產生怎樣的影響？

二、網路、廣播及電視

澎湖的民間故事，與現代傳播工具的互動上，除了報紙之外，還包括了網路、廣播、電視數種。這幾種現代傳播工具，會對澎湖民間故事產生何種影響，由於時日仍短，目前尚未可知，故此處筆者只是就自己的經歷，先行

〔註30〕《湖西鄉社區資源集錦》：（澎湖縣立文化中心，民國八十六年六月），頁九十六。

做個記錄，至於結果則有待來者。

（一）網路

　　自民國八十七年筆者的《澎湖民間傳說》出版以來，便有一些本校的學生及校外人士和筆者聯絡，希望能提供書中的故事，讓他們掛在網站上，筆者一一答應了。此後，只要筆者要求學生去蒐羅有關澎湖民間文化的相關資料，做為國文報告繳交，便有學生又從網路上抓來《澎湖民間傳說》中的故事交給筆者。這些故事從筆者的手中出去，兜了一圈又回到筆者的手中，雖然有點令人啼笑皆非，但顯示出這些故事的的確確在網路上流通。而網路特性之一即為快速非常，今天掛上網的東西，可能明天就傳遍全世界了，加上上網之人，幾乎都是些年輕人，這些 E 世代的年輕人，會如何看待及傳播這些故事？這些故事在其手中會產生怎樣的變化？未來是否可能在外地、甚至是外國，採錄到澎湖民間傳說，都很令人期待。

　　此外，就筆者目前所見，澎湖相關網站所掛的澎湖民間故事、傳說，其來源皆為已出版的文獻、書籍。換言之，是先有書，然後才被掛上網站的。未來，或許可以試著反向操作，先設立網站，然後向各界徵求澎湖民間故事，至一定數量後，再加以適當的過濾揀選，然後匯集成書出版。

（二）廣播

　　曾有數位學生告訴筆者，澎湖西瀛電台的某個節目，常常在節目中穿插一些澎湖民間故事的介紹，而他故事的來源就是金師榮華的《澎湖縣民間故事》及筆者的《澎湖民間傳說》，由於筆者未曾收聽該節目，所以該主持人如何「講」故事不得而知。但會收聽廣播的人，可能是目不視丁的老阿媽、中年的上班族、國高中的學生，其聽眾的階層絕對比網路來的廣，這些原本來自於民間的故事，經過學者搜集寫定後，是否可能藉著廣播之力，再度回到民間：阿媽聽了講給孫子聽、媽媽聽了說給孩子聽、孩子聽了說給同學聽，重新喚起老一輩的記憶、年輕一輩的重視？同時在這樣流傳的過程中，主持人是怎樣講述故事的？聽眾是用什麼心情來聽故事、傳播故事的？故事又會產生何種變化？且讓我們拭目以待。

（三）電視

　　大約是半年前吧，詳細的時間已經記不起來了，三立電視台的「戲說台

灣」節目打電話給筆者，說他們準備拍攝澎湖張百萬的故事，劇本是根據筆者的《澎湖民間傳說》改編的，所以希望筆者在節目的最後出來講幾句話（這是該節目的慣例，在故事結束後，找一些相關的人士去說說話），筆者覺得不適合而拒絕了。事後和父母及朋友說其此事，大家都笑我傻，白白浪費了一個上電視的機會，自己也覺得有些後悔，不應該拒絕得那麼快的。一段時日後，偶然打開電視，播映的正巧就是戲說台灣的「張百萬傳奇」，所以便稍微看了一下子，看完後，心中的感覺只有二個字——胡扯。更慶幸當初拒絕了他們的邀請，不然可真丟了大臉。

張百萬的故事在澎湖是非常普遍的，差不多每個老老少少都能講上一段，因此稍有概念的澎湖人，大概都不會相信電視上所演的是真的。但是其他地方的人，或許會當真，加上台澎二地的往來向來密切，未來是否可能有台灣版或電視版的張百萬故事回傳澎湖？有待未來的檢驗。

三、結語

網路、電視、廣播、報紙，都是現代才有的傳播工具，這些傳播工具的出現，使得民間故事有了不一樣的傳播方式，這些不同於以往的傳播工具，不僅加快了民間故事的傳播速度，也擴展了傳播廣度，未來會對民間故事產生何種影響，目前並無法斷言，唯一能做的便是「靜觀其變」，或許在數十年、數百年後，我們才可能知道其答案。

第九章 結 論

　　民間故事是不斷在民間流傳繁衍、生生不息的，因此澎湖民間故事的搜集研究，也難有終了的時候，但本論文仍嘗試由前面數章的論述及目前有限的所見，提出澎湖民間故事的特色與價值。

一、澎湖民間故事的特色

　　澎湖的民間故事，由其源頭來說，大別可以分為二類：第一類主要是輾轉由中國傳進來的，第二類則是在澎湖本土產生的。前一類大致包含了大部份的故事、神話及少部份的傳說。後一類則正好相反，包含了大部份傳說及少部份的故事、神話。由於故事來源的不同，所以產生了澎湖民間故事的二個特色：傳承性、地方性。

（一）傳承性

　　在地理上，澎湖為位於中國東南沿海的一個島群；在歷史上，最遲至明朝開始，澎湖便已劃入中國版圖；在人口上，居民大都是由中國遷移進來的。因此澎湖雖為一蕞爾小島，但仍和廣闊的中國大陸一樣，有著相同的社會結構、歷史文化、民俗傳統、宗教信仰……，在此種共同的歷史文化背景下，澎湖所流傳的民間故事，自然和中國有很深的淵源，並且受其影響，此種影響主要表現在思想方面及內容方面。

　　首先，就思想來說，澎湖民間故事所蘊含的思想，幾乎是延續中國的傳統思想：敬天地、信鬼神、敬重讀書人、深信因果報應及風水之說、重視女子的節操……。以實際的例子來說，在風水方面，澎湖人不僅深信風水，認

為風水的好壞可以影響一家乃至一地的興亡盛衰，而且福地福人居，好風水唯有福之人得之。以實際的例子來說，張百萬因為將好風水「八馬拖車」改為「九犬分屍」所以導致家道中落（〈張百萬的傳說〉）；〔註1〕蔡家因得到好風水，所以可以生下蔡進士（〈蔡進士的傳說〉）；張家的螃蟹穴會被挖壞，是因為福氣不夠的緣故（〈螃蟹穴的傳說〉）；黃目蔭家也是因為福氣不夠，只能沾到好穴的邊，所以出不了狀元，只能代代出賊王（〈黃目蔭看風水〉）；員外因為沒福氣，所以「雙龍搶珠」的好風水，一下葬卻成了「二犬拖屍」的凶地；而窮得只能用草席將母親下葬的兄弟，卻毫不費力的得到「雙龍搶珠」的好穴（〈福地福人居〉）。甚至打仗打不過對方，也是用破壞對方祖先風水的方法來取得勝利的（〈澎湖海盜王〉）。凡此種種皆表達出此地的風水思想。至於「敬天地、信鬼神」的思想，在澎湖的民間故事，表現的更是淋漓盡致，光由此類故事的數量來看，便可知一二。

　　不過最引筆者注意的，還是這些故事中所表現出來的宿命思想，宿命觀是中國人很普遍的一種想法，將一切歸之於天、歸之於命，但在澎湖人身上，這種想法卻似乎特別明顯。此處雖然無法提出明確的數據佐證，但在筆者在採錄的過程中，聽講述者的言談說明、聽採錄錄音帶的當下，的確讓筆者有如此的感覺。比如在很多故事的關鍵地方，問及講述者：「何以會如此？」時，答案往往都是：「那是天註定的。」「因為他有這個福氣。」「這就是他的命。」一類的答案。甚至，有一次筆者至瓦硐，向澎湖四大才子之一的方思溫先生採錄張百萬的傳說，方先生便提到，他早年曾和里幹事一起至張百萬撿黑金的金嶼，撿了一些很像黑金的石頭回來，可是大概是沒福氣，所以這些黑石頭沒幾天就不見了，問里幹事，里幹事的石頭也是如此，可見人的福氣是天生的，強求不來的。

　　像這種宿命的觀念，不僅在老一輩的身上看得很清楚，見諸於故事也是如此。如：〈未註生，先註死〉、〈命〉這二則故事表現的便是這種想法，又比如在蔡進士的傳說中，有許多傳說提到蔡進士是如何的不凡：是拱北山山神來轉世、出生時天有異象、有豬狗來撞門、渡海考試遇風時，有上天顯靈救他……，但就是沒有一則提到他是如何苦讀出身的，一切似乎就是那麼簡單

〔註1〕本章所舉之故事、傳說，俱見前面數章所引，不再一一註明出處。並請參見金榮華《澎湖縣民間故事》、姜佩君《澎湖民間傳說》二書，故事標題依原書標題，未刊稿部份，標題由筆者暫擬。

——他天生註定就是進士，所以才會有這麼多奇怪的事發生在他身上，至於他努不努力求上進，好像不怎麼重要。張百萬的傳說也是如此，不提張百萬如何經商、如何奮鬥，而是說他有福氣，所以可以拾到黑金致富。為甚麼他有福氣？那是因為他天賦異稟——屁股是方的，所以他是一出生就註定好要來當全澎首富的。後寮同仔的故事亦是如此，因為他有這個福氣，所以他可以拾黑金致富。因為這種福氣是天註定的，強求也強求不來，所以澎湖有個諺語說：「你的命不值得後寮同仔」，意思是說你沒有後寮同仔的好命。同樣的，〈李土〉的故事中，李門環尚未出世，就有一大堆金銀財寶等著他，而且還勞駕土地公為他看守財寶。同類型故事〈傻瓜丈夫聰明妻〉也是如此，傻丈夫拾到他命中該有的錢財後，便不願意再去拿了，諸如此類的例子實在不勝枚舉。總之，一切一切的原因，都是由於「命」這個字。

　　但澎湖人何以如此宿命，學理上或有其理論，但就筆者在澎湖生活幾年的觀察，認為「宿命」是一種可以讓人活的比較安心、比較坦然的方法。澎湖先天環境艱困，謀生不易，若不將一切苦難歸之於天、歸之於命，心中難免憤恨不平，唯有將一切歸之於命、歸之於天，將一切都視為上天的註定、安排，如此對於世間的種種不平，才通通可以用「命」這個字來帶過。從此不再怨恨為何出生在這貧窮之島、不再怪罪子孫何以不爭氣、不再羨慕別人何以榮華富貴，自己卻家徒四壁……「一切都是命啊！」輕輕鬆鬆的一句話帶過了一切，雖然消極，但可以讓他們不怨天、不尤人，認命的盡自己的本分，知足的度過這一生。

　　其次，從情節內容來說，若以故事類型的角度來看，在澎湖所見故事類型有近三十種，這些故事顯然不會產生於澎湖本土，而是淵源於中國，與中國有著密切的關係。這些故事類型共有以下數種：

1、一一一・C：牛和老鼠比誰快（〈老鼠怎麼在生肖排行中拿了第一〉）

2、二三五A：借角（〈為什麼鹿有角〉）

3、三三三C：虎姑婆（〈虎姑婆〉）

4、四三三D：蛇郎君（〈蛇郎君〉）

5、四三〇F：少女和狗（〈美國人的由來〉）

6、五〇三M：賣香屁（〈七仔和八仔〉）

7、五四二：狗耕田（〈七仔和八仔〉）

8、五九二*：魔箭（〈澎湖為什麼沒有出皇帝〉）

9、七二○*：受虐小孩變成鳥（〈鷹塔的故事〉）

10、七四五*：負債人同病相憐，雙雙得救（〈無憂宮的傳說〉）

11、七四五A：財各有主命中定（〈李土〉）

12、七四九B：相戀不得見，人死心不死（〈甘羅的故事〉）

13、七七六A：漁夫義勇救替身（〈水鬼做土地公〉）

14、七八○：會唱歌的骨頭（〈甘羅的故事〉）

15、八二九A：神仙應請增人壽（〈彭祖公的故事〉）

16、八七五D・二：巧媳婦妙寄家書（〈思君〉）

17、八七六：巧媳婦妙對無理問（〈蔡進士的故事〉）

18、八八八C：孟姜女（〈孟姜女〉）

19、九八○：兒子一言驚父親，從此孝養老祖父（〈棄老傳說〉）

20、九四八：躲債廟（〈無憂宮〉）

21、一○○四：殺牛宰鴨欺財主（〈朱洪武的傳說〉）

22、一○六二A*：扔物比力氣（〈關公和周倉比力氣〉）

23、一三八二B：傻媳婦濫用客氣話（〈巧婦與拙妻〉）

24、一五三四G：蜜汁寫字引螞蟻，君王念出成聖意（〈蔡端造橋〉）

25、一五四三E*：假毒藥和解毒劑（〈貪吃的老師〉）

26、一五六八A**：頑童吃甜點（〈甘羅的故事〉）

27、一六九六C：傻女婿學話，句句派用場（〈傻瓜丈夫聰明妻〉）

28、一九○二B：我沒空說謊（〈白賊七的故事〉）

以上二十八種為具體有類型者，至於不成類型者，也可以在大陸找到類似的故事。如：〈白鶴穴的傳說〉也見於浙江、上海等地。〈父子題詩〉在山西、河北也有類似的故事。〈蔡端造橋〉是源於泉州洛陽橋的故事。〈白賊七的故事〉、〈邱罔舍的故事〉是由福建同類型故事演變而來的。〈望夫石的傳說〉、〈仙腳印的傳說〉在中國各地都有類似的景觀及傳說。此外，包公、狄青、朱元璋、魯班、羅隱等歷史人物的傳說，應該也是由中國傳進來的。所以澎湖的民間故事，不論在思想上或內容上，均相當程度的受中國影響，與中國有著密不可分的關係。

（二）地方性

澎湖的民間故事，有傳承於大陸與大陸共通者，也有承襲後再加以變化者，更有在澎湖本土新生者，這些民間故事在在的突顯出澎湖民間故事的地

方特色。

1、承襲後再加以變化者：一些原本源自於中國的故事，在傳入澎湖後，因地理環境改變、社會條件不同及語言的變遷，使得故事產生了些許的變異。如〈甘羅的故事〉中，由於語言的因素，產生了「甘羅」原名「柑郎」的小插曲；四三○F「少女和狗」的類型故事中，在中國西南民族及台灣原住民族中，通常是作為說明該部族或紋面習俗的由來，但澎湖這裡，卻由於特殊的政治背景，而變成了「美國人的由來」，用來嘲笑美國人的沒規矩、多體毛。這些源自於中國的澎湖民間故事，之所以在思想、內容上，表現出傳承自中國的特性，是基於二地的內在，有著共同的歷史文化背景所致，而由於外在地理環境、社會條件的不同及語言的變遷，使得某些故事在細節上產生了變異，但這些變異並不影響原來故事所欲表達的思想內容，反而因為這些變異，使得這些故事反映出澎湖民間故事的地方特色。

2、在澎湖本土新生者：澎湖四面環海，人民以海為生，也與海搏鬥；海洋賜予人們食物，也奪取人們的生命，澎湖人的一生，始終跟海洋脫離不了關係，這種關係，反映在在澎湖本土新生的故事中，便是故事中處處可見海洋的影子。許多故事以海洋為背景，因海洋而產生，若缺少了「海洋」的因素，故事將無從發生，無從進行。舉例來說，張百萬在「海邊」撿到黑金；至吼門以金填「海」；蔡進士因渡「海」遇難，所以有神靈相救；過西嶼，因為「海神」要來朝拜，所以險些翻船；趙府元帥因為急著要救人，所以讓乩童「踏海」回家；媽祖、觀音所接的炸彈，最後是丟入「海中」了事；漳王為了幫村民賺錢，所以「下海」趕丁香；七美、望安的人民，為了躲避「海盜」的襲擊，而留下一段慘案、形成不養狗的風俗；因為臨海缺水，所以產生萬軍井、四眼井、蔣公井的傳說；因為海島地形的崎嶇多變，所以產生了澎湖出皇帝及龜山蛇山的傳說。……

前文提到，澎湖民間故事有傳承於中國與中國共通者，也有承襲後再加以變異者，而這些變異情節的產生，「海洋」也佔了一個重要地位。澎湖的〈丁蘭刻木事親〉故事中，多出了丁蘭發明以貝殼來「擲筊問事」的一段情節，而貝殼是臨海地區才有的產物；在流木建廟的傳說類型中，中國所見，木材大多是由井裡冒出來的，澎湖則都是由海上飄來的。

海洋不僅融入澎湖人民的生活與故事，也陶鑄出他們堅韌的生命力與不屈不撓的精神。在百多年前，交通工具還很落後的時候，便有蔡進士勇渡險

惡的黑水溝，進京赴考，回程遇風被吹至越南，歷經千辛萬苦、生死搏鬥，行經萬里路，總算安返澎湖；在還沒有蔣公井的時候，將軍嶼的人，就這樣喝了一、二百年的鹹水、鹹地瓜粥，依然堅韌的生存下來；歷史上，七美、望安屢受海盜侵襲，留下不少可歌可泣的故事，但這些地方的居民，卻一再的在廢墟中，將七美、望安建設起來。澎湖人是海的子民，他由海中獲得生活所需，也在海中喪失生命，海洋與澎湖始終生死相依，形成澎湖的地方特色、民間故事的特色。

二、澎湖民間故事的價值

澎湖民間故事有何價值？為何值得研究？就民間故事的原始功能來說，民間故事具有教育的價值。就今人研究的角度言，則有文化的價值及傳播的價值，以下分別述之。

（一）教育價值

中國古代的教育並不普及，有能力受教育的，不是富豪、官家子弟，至少也要小康之家，才能負擔起受教的費用。但澎湖自古以來，便是人窮地貧的蠻荒之地，人們普遍貧窮，鮮少有受教育的機會，那麼這些人從何得知立身處事的道理及古往今來的歷史？除了父母親友的教導外，民間故事的薰陶教養也是不可或缺的。為什麼北斗七星當中「七顆星、六顆明」，有一顆特別黯淡？那是因為其中一顆星化身為仙女，和孝子董永結婚生子的緣故，所以星光才會比較黯淡（〈七仙女的故事〉）。為什麼「死貓要吊樹頭，死狗要放水流？」這是因為貓和狗生前對不起老虎，所以死後才要「吊樹頭」、「放水流」避免老虎來找麻煩呀（〈為什麼死貓吊樹頭，死狗放水流〉）！為什麼吃素不能吃蔥、蒜、韭菜，因為這三種菜是肉包子變的，算是葷菜，所以吃素的人不能吃（〈為什麼吃素不能吃蔥、蒜、韭〉）。金瓜米粉是因為蔡進士的緣故，所以才成為澎湖的著名美食（〈蔡進士的傳說〉）。「豬母水」的地名由來，是因為從前有一隻豬母，不小心掉下海中淹死了，所以才叫「豬母水」（〈山水的地名由來〉）。

民間故事的題材，往往緊密而靈活地伴隨著各類知識，從各個角度反映過去社會中豐富而多樣的事象，讓人們學會如何應對進退、為人處事，認識了重要的歷史人物、歷史事件，並瞭解家鄉的種種風物習俗、名勝古蹟、土特產等等。在昔時教育不普及的時代，靠著這些民間故事的流佈，適當的彌

補教育的不足，藉由這些故事的傳播，讓這些無法受教育的人知道澎湖出了個蔡進士、張百萬是全澎首富、不聽媽媽的話會被虎姑婆吃掉、村中的宮廟是主神顯靈自己去唐山購買木料建的。乃至朱元璋、包公、狄青、魯班等歷史人物的事蹟，都可以從民間故事獲得所需的知識。自然，在某些故事中，有時也會夾雜著一些負面的知識觀念，如〈覆水難收〉的故事，將丈夫的失敗怪罪於妻子的八字不好；〈塾師與燒灰〉的故事，塾師因為瞧不起燒灰的工作，誤解了燒灰者的好意，以至於作對聯損人。但這是從前整個大環境教育不普及、觀念不開通的影響所造成的，只要我們現在能用正確的觀點來詮釋它們就是了。

（二）文化價值

民間故事的題材十分廣泛，包含現實生活中的種種人事物，這些人事物有的是虛構的，有的是實有的，不管是何種題材，這些故事的產生，表現的就是人民對他們生活的種種感受，藉著故事傳達出他們的喜怒愛憎、表達出他們的生活觀、價值觀、倫理道德觀、審美觀⋯⋯，而這些，就是所謂的「文化」。由〈蔣公井〉傳說的產生，可以知道離島居民對水井的需求及政府德政的感懷；由〈望夫石傳說〉的流傳，可以知道我們的文化中，對此種堅貞不移的愛情，是相當稱頌的；由〈七美人故事〉的流傳及地名的更改，可以看出我們對女子的貞操是如何的看重及讚揚寧死不屈精神的；由各村莊中神明接炸彈傳說的盛行，顯示出昔時人民對神明的信仰及倚靠；由張百萬及蔡進士傳說之多，可看出澎湖人民對這二人的欽仰與羨慕。

一則故事或傳說，如果能在當地長期流傳、廣為人知，那麼這則故事所含的精神和意義，無形當中會對人們產生一些影響；如果人們還樂意講述這則故事讓陌生的人採錄，則顯示出這則故事所蘊含的精神、意義應該是被認同的；如果許多則不同的故事，都不約而同的顯示出某種共同的意涵，那麼這個意涵，顯然是被這個地方、這些人民所認同的，已經成為他們文化的一部份了。所以唯有透過這些民間故事加以一一尋繹，方可以更了解我們的先民、我們的歷史、我們的文化。

（三）傳播價值

澎湖的民間故事是如何傳進澎湖的？由先民的移民路線及故事內容來看，幾乎可以這麼說，先民的移民路線就是民間故事的傳播路線，先民在移居澎

湖的同時，也將原居地的故事帶進澎湖。而先民的移民路線之一，是由福建（包含金門）經由澎湖而至台灣的，換言之，台灣民間故事中的一部份，是經由福建、澎湖而傳進台灣的。因此，想研究中國民間故事在台灣的流傳演變、欲瞭解台灣民間故事的淵源由來，是不能忽視澎湖這個地方的。

就目前的資料來看，中國民間故事由福建（特別是金門）傳進澎湖的這一段，幾乎是可以確定的，因為許多澎湖的傳說故事都可在金門找到類似的說法，舉例來說：澎湖蔡進士的傳說，有不少是和金門進士蔡復一、許獬的傳說雷同。金門不但有仙腳印的傳說，而且仙人還把金門踩裂為大小金門；澎湖同樣也有仙腳印的傳說，仙人一樣把原本連在一起的望安、花嶼踩裂了，而二地都說留下腳印的人是呂洞賓。此外二地同時都有盧遠〈皇帝嘴乞丐身〉的故事、〈朱文治公的傳說〉、〈早發的神箭〉、〈為什麼土地婆沒人拜〉的傳說，也同時有「沈東京，浮福建」的說法。金門有〈米籃穴的傳說〉，澎湖也有〈福地福人居〉的傳說。金門有「五馬拖車穴」的傳說，澎湖張百萬也有「八馬拖車穴」的傳說。而〈蔡端造橋〉、〈白賊七的故事〉、〈邱罔舍的故事〉是源自於福建的〈洛陽橋傳說〉、〈謊張三的故事〉、〈露鰻舍的故事〉。〔註2〕所以福建（金門）是中國民間故事傳進澎湖的一個重要窗口應該是無庸置疑的。

至於這些故事如何再由澎湖傳至台灣這一段，由於台灣地區至今仍未有大規模的全面普查，所以無法明確得知。但從桃園、新竹、苗栗、宜蘭、台中、彰化、嘉義、雲林、幾個已做過普查，已有民間故事集出版的縣市來看，大部份澎湖所見的民間故事，如：〈白賊七的故事〉、〈邱罔舍的故事〉、〈蛇郎君〉、〈虎姑婆〉、〈傻女婿〉、〈牛郎織女〉、〈澎祖的故事〉、〈甘羅的故事〉都可以在上述幾個縣市的民間故事集找到類似的故事。或許這些資料仍不夠齊全，不足以確認台灣民間故事與澎湖、金門、福建的關係，但無論如何，澎湖的確有其傳播上的地位。有關澎湖這部份，筆者已盡心的加以蒐羅論述，金門的部份，也有唐蕙韻學妹的碩士論文可供參考，至於台灣部份，則有待來者了。

澎湖的民間文學向來不受重視，澎湖的民間故事，是筆者到澎湖這幾年間才開始搜集整理的，此篇論文從無到有，得到許多人的幫助。如今論文草

〔註2〕本節所述之故事傳說，俱見前面數章所引，不再一一註明出處。並請參見金榮華《金門縣民間故事》、唐蕙韻《金門民間傳說》二書，故事標題依原書標題，無標題者標題由筆者暫擬。

成，不能說盡善盡美，但已盡心盡力，只是囿於才學，引述者多、論述者少，
疏漏錯誤在所難免，但至少澎湖民間故事的整理研究工作，已踏出第一步，
至於進一步添磚補瓦、整修門面的工作，則俟之後繼者了。

附錄一：講述者資料

姓名	性別	年齡	職業	教育	地點
丁得祿		四十七歲	教師	大學	馬公市澎湖專校
方思溫		八十二歲			白沙鄉瓦硐村
方英福		四十八歲	教師	專科	馬公市東文里
王丁進		五十五歲	軍	高中	湖西鄉西溪村
王先生		約三十五歲			馬公市
王秀寶	女	六十七歲		師範學校	馬公市區
王國華		約五十歲	大池村長		西嶼鄉大池村
王賜得		七十歲	農	不識字	湖西鄉紅羅村
石天佐		四十九歲	漁	小學	馬公市井垵里
任樹龍		三十四歲	石刻藝術家		馬公市菜園里
吳仲堯		十八歲	學生	專科	馬公市民族路
吳同堯		二十歲	學生	專科	馬公市民族路
吳宇軒		二十歲	商	高中	馬公市中央街
吳先生		六十九歲		大學	馬公市鎖港里
吳明利			學生	高中	七美鄉
吳武義		六十八歲	廟公	日本教育	白沙鄉講美龍德宮
吳福廷		八十九歲	漁	日本教育	馬公市崁裡里
呂文雄		五十歲	教師	大學	馬公市東衛國小
呂英偉		約七十歲		日本中學	馬公市東衛里
呂啟懋		二十一歲	學生	專科	馬公市澎湖專校

呂傳賞		五十四歲		小學	白沙鄉小赤崁村
呂調明		五十一歲	公務員	專科	馬公市文光路
李仁猛		五十一歲	室內裝璜	小學	湖西鄉成功村
李文富		六十一歲	自由業	專科	西嶼鄉外垵村
李有土		七十六歲	漁	識字	馬公市鎖港里
李秀嬌	女	四十九歲	公	高中	七美鄉西湖村
辛西楚		七十七歲			湖西鄉天后宮
易金龍		六十五歲	種田、賣冰	小學	白沙鄉通梁村
林川伍		六十九歲	泥土工		白沙鄉通梁村
林天明		三十歲		高職	馬公市
林文鎮		五十歲	教師	大學	馬公市馬公高中
林正達		六、七十歲			馬公市觀音亭
林先生		七十五歲	紅羅廟公會頭家		湖西紅羅村北極殿
林再亨		六十九歲	漁業		湖西鄉龍門村
林名		五十八歲	漁業	不識字	白沙鄉港子保定宮
林如通		八十四歲			馬公市三多路
林君憲		二十歲	學生		馬公市澎管處
林志書		三十五歲	工	國中	馬公市前寮里
林孟起		七十三歲	漁業		湖西鄉龍門村
林振桓		七十三歲		識字	西嶼鄉合界池王廟
林戴影		七十八歲		不識字	馬公市建國路
俞娜惠	女	二十歲	學生	專科	馬公市澎湖專校
某女士	女	六十歲	小吃部老闆	識字	西嶼鄉竹灣村
某先生		約七十歲			馬公市安宅廟口
某先生		七十五歲	樂師	小學	馬公市
某先生		六十三歲		小學	馬公市安宅廟口
某先生		五十六歲		小學	白沙鄉通梁村
某先生		七十歲	廟公	私塾	白沙鄉通梁村
柯秋水		六十七歲	教師	大學	白沙鄉後寮威靈宮
洪壬澤		六十八歲		不識字	湖西鄉龍門村
洪文愧		八十四歲		不識字	湖西鄉龍門安良廟
洪明石					湖西鄉隘門村

洪林繡麗	女	五十二歲	主婦	國中	湖西鄉隘門村
洪亮黨			廟祝		馬公市烏坎里
洪振秋		四十八歲		小學	湖西鄉龍門村
洪陳秋紅	女	五十二歲	工	小學	西嶼鄉小門村
洪麗琴	女	二十五歲	商		馬公市
夏謙		七十三歲	農會退休	日本教育	七美鄉七美國中
徐玉雀	女	六十九歲	補網	小學	馬公市案山里
翁興德		七十八歲	特產店老闆	小學	馬公市鎖港里
高泉慶		七十六歲	城隍廟祝事		馬公市城隍廟
涂永宗		三十四歲	保險業	專科	馬公市澎湖專校
涂沉淨		五十二歲	教師	大學	白沙鄉鳥嶼村
張玉花	女	三十六歲	導遊	小學	望安鄉天台山
張先生		四十六歲	藥房老板	專科	馬公市
張明男		六十九歲	冷飲小販	不識字	望安鄉天台山
張能變		八十二歲		小學	馬公市天后宮
張清巡		六十二歲	廟祝	高中	馬公市嵵裡里
張勝舜		三十六歲	漁	高中	白沙鄉小赤崁村
張新民		六十七歲	商	國小	台北縣泰山鄉
張新芳		六十五歲	教師	專科	白沙鄉赤崁
張瑞吉		七十四歲	國小教師		馬公市忠孝路
張榮昌		六十八歲		中學	湖西鄉中西村
張耀欽		三十九歲	立榮航空	高中	馬公市興仁里
莊 決		七十七歲	農	私塾	馬公市東衛里
莊凱證		二十歲	學生	專科	馬公市澎湖專校
許天賜		四十三歲	漁	初中	白沙鄉通梁村
許文壹		七十一歲	造船廠領班		湖西鄉許家村
許明昭		七十六歲		日本教育	湖西鄉西溪村
許金雄		五十歲	漁	識字	七美鄉
許康南		六十二歲			馬公市四眼井
許清孟		六十七歲		日本教育	西嶼鄉外垵村
許淑莞	女	二十八歲	教師	專科	馬公市朝陽里
許陳月	女	五十三歲	商	不識字	西嶼鄉竹灣大義宮

許智豪		六十歲	商	高中	馬公市四眼井
許朝來		五十歲	公務員	高中	馬公市中華路
許程聰		六十二歲	道士	小學	馬公市中華路
許進豐		五十三歲	老師		七美鄉七美國中
許當條					馬公市東衛里
許蓮葉	女	四十二歲	家管		湖西鄉湖東村
許鄭秋紅	女				馬公市
許騰芳		八十歲	廟公		湖西鄉北寮村
郭君子		八十六歲	農	日本教育	湖西鄉林投村
郭金甲		八十歲		小學	白沙鄉講美村
郭金甲		八十二歲		小學	白沙鄉講美村
陳文哲			漁	小學	湖西鄉沙港村
陳文隆		二十四歲	警察	大專	湖西鄉菓葉村
陳成清子	女	七十一歲		小學	馬公市烏崁里
陳先生		六十歲		小學	湖西鄉林投村
陳自騰		三十歲	工	高中	馬公市山水里
陳宋秀麟	女	六十九歲	藥房老闆娘	小學	馬公中華路
陳宏利		五十歲	教師	大學	馬公市
陳秀	女	六十二歲	家庭主婦	不識字	望安鄉西安村
陳明力		七十九歲		日本教育	湖西鄉菓葉村
陳明前		七十二歲		日本教育	馬公市重光里
陳松男		五十八歲	農	小學	湖西鄉西溪村
陳保利		七十五歲		小學	馬公市嵵裡里
陳振益		五十四歲	公務員	高中	馬公市
陳烏塔	女	五十五歲		不識字	望安鄉將軍村
陳淵如		八十二歲	廟公	日本教育	湖西鄉林投村
陳莊春賴	女	七十歲	家管	不識字	馬公市石泉里
陳鳥盡	女	七十歲			望安鄉將軍村
陳喜發		七十六歲		日本教育	馬公市
陳惠娜	女	三十五歲	望安鄉民代		望安鄉將軍村
陳朝虹		三十六歲	中國石油		望安鄉望安加油站
陳貴華		七十三歲	藥房老闆	日本教育	馬公市中華路

陳順笑		八十八歲		不識字	馬公市嵵裡里
陳順義		八十四歲		小學	馬公市觀音亭
陳萬允		五十五歲	老師		七美鄉七美國中
陳遠		七十二歲		國小	湖西鄉林投村
陳德府		六十六歲	漁		西嶼鄉大池村
陳曉儀	女	二十歲	學生	專科	馬公市
陳燈火		四十七歲	公務員	小學	馬公市山水里
陳興		五十八歲	寺廟主任委員	私塾	馬公市鎖港里
陳興述		六十二歲		小學	馬公市觀音亭
章美淑	女	二十歲	學生	專科	西嶼鄉小門村
曾元步		七十五歲	農牧	小學	白沙鄉中屯村
黃束直		七十五歲		日本教育	馬公市菜園里
黃明光		五十五歲	台電	專科	馬公市忠孝路
黃祖尋		六十七歲		日本教育	馬公市菜園里
黃晚達			商		馬公市
楊有用		六十七歲		識字	西嶼鄉合界池王廟
楊阿笑	女	七十一歲		不識字	馬公市西文里
楊國寶		五十一歲	旅遊業	高中	馬公市安一大飯店
楊淑女	女	七十二歲	家管	日本教育	西嶼鄉竹灣廟口
楊積蓄		七十二歲	教師	大學	馬公市中華路
楊錦隆		五十歲	服務業	高中	馬公市光榮里
葉先生		七十歲		高中	湖西鄉菓葉村
葉如竹		六十九歲		日本教育	馬公市重光里
葉國榮		二十歲	學生	高中	馬公市西衛里
董冬桂		五十六歲	漁	小學	西嶼鄉外垵村
趙東舜		四十四歲	水泥工	小學	湖西鄉南寮村
劉大					湖西鄉龍門村
劉有祿		六十歲	漁	小學	湖西鄉龍門村
歐永陽		七十九歲		不識字	湖西鄉太武村
歐先生					馬公市案山里
歐成光		約五十歲	漁	國中	白沙鄉講美村
歐翁秋	女	約五六十歲	商		馬公市

歐陽願		七十八歲		識字	馬公市五德里
蔡先生		六十六歲			馬公市興仁里
蔡先生		約五十歲			馬公市興仁里
蔡春正		八十五歲		私塾	馬公市興仁里
蔡洪秀儉	女	四十三歲	家庭主婦	小學	馬公市興仁里
蔡登仕		八十一歲		日本教育	馬公市興仁里
蔡善樹		八十三歲	商	高中	馬公市興仁里
蔡鴻獻		四十六歲		專科	馬公市興仁里
蔡文魁		四十七歲	工	初中	馬公市光復路
蔡修德		六十歲	農	小學	馬公市鐵線里
蔡佳召		七十五歲	廟公	不識字	赤馬赤樊桃殿
蔡宗正		七十二歲	竹灣村村長		西嶼鄉竹灣村
蔡順天		六十五歲		小學	馬公市東衛里
蔡順成		五十五歲	公務員	高職	馬公市東衛里
蔡福氣		六十三歲	城隍廟幹事		馬公市城隍廟
蔡玉琳	女	二十三歲	商	專科	馬公市光復路
蔡玉華	女	六十五歲	農	國小	台北市
鄭天平		六十三歲	漁	小學	白沙鄉赤崁村
鄭文化		七十三歲		日本教育	馬公市西衛里
鄭文禮		四十八歲	商	初中	馬公市新生路
鄭永得		五十六歲	公務員		馬公市文光路
鄭石蓮步	女	六十八歲	農	小學	馬公市觀音亭
鄭伏山		五十六歲	商	初中	白沙鄉通梁村
鄭秀李	女	五十歲		國小	白沙鄉港子村
鄭英諧		六十五歲		專科	白沙鄉赤崁村
鄭國輝		六十七歲	永安宮管理人		西嶼鄉將軍村
盧文賢		四十二歲	工	識字	湖西鄉湖西村
蕭慶方		六十一歲	龍德宮管理員	小學	講美龍德宮
儲先生		五十歲		高中	廟口
戴能溫		五十六歲			湖西鄉中西村
薛先生		七十八歲		識字	白沙鄉通梁村
薛明卿		六十歲	榮民	高中	馬公市民權路

薛祖舉		四十四歲	漁	國中	西嶼鄉內垵村
謝天祥		六十五歲		識字	湖西鄉白坑村
謝明彰		四十一歲	國大代表	大學	馬公市
顏先生			里長		
顏明家		五十一歲	漁		西嶼鄉大池村
顏家榮					馬公市風櫃里
顏福木		七十二歲		小學	馬公市風櫃里
顏謙		七十一歲	鄉公所科長	高職	七美鄉七美國中
魏夏		五十三歲		國小	白沙鄉鳥嶼村
蘇明新		六十六歲	城隍廟總幹事	國中	馬公市城隍廟
蘇進福		七十五歲	漁	小學	馬公市光榮里
鐘石棟		六十八歲	黃德宮主委員		七美鄉七美國中

參考書目

（按作者姓氏筆畫為序）

一、古籍部份

1. 干寶：《搜神記》，台北三民書局，民國八十五年一月。
2. 司馬遷：《史記》，台北世界書局，民國六十七年十一月。
3. 朱景英：《海東札記》，台灣銀行經濟研究室，民國四十七年十月。
4. 余文儀：《續修台灣府志》，台灣銀行經濟研究室，民國五十一年六月。
5. 吳均：《續齊諧記》，台灣藝文印書館，民國五十六年九月。
6. 李昉：《太平御覽》，台灣商務印書館，民國七十五年三月。
7. 杜臻：《澎湖台灣紀略》，台灣銀行經濟研究室，民國五十四年八月。
8. 汪大淵：《島夷誌略》，台灣銀行經濟研究室，民國五十二年六月。
9. 周于仁：《澎湖志略》，台灣銀行經濟研究室，民國五十一年八月。
10. 周必大：《文忠集》，台灣商務印書館，民國六十年七月。
11. 宗懍：《荊楚歲時記》，台灣藝文印書館，民國五十九年五月。
12. 林豪：《澎湖廳志》，台灣銀行經濟研究室，民國五十二年六月。
13. 林謙光：《台灣紀略》，台灣銀行經濟研究室，民國四十九年六月。
14. 柯劭忞：《新元史》，台北世界書局，民國六十七年十一月。
15. 洪興祖：《楚辭補注》，台北漢京文化公司，民國七十二年九月。
16. 胡建偉：《澎湖紀略》，台灣銀行經濟研究室，民國五十二年六月。
17. 班固：《漢書》，台北世界書局，民國六十七年十一月。
18. 高拱乾：《台灣府志》，台灣銀行經濟研究室，民國四十九年三月。
19. 連雅堂：《台灣通史》，台灣銀行經濟研究室，民國五十四年十月。
20. 陳衍：《台灣通記》，台灣銀行經濟研究室，民國五十一年八月。

21. 陳倫炯：《海國聞見錄》，台灣銀行經濟研究室，民國四十七年六月。

22. 陳壽：《三國志》，台北世界書局，民國六十七年十一月。

23. 葛洪：《抱朴子》，台灣商務印書館，民國六十八年十月。

24. 鳩摩羅什：《妙法蓮華經》，台北世樺出版社，民國七十七年三月。

25. 趙汝适：《諸蕃志》，台灣銀行經濟研究室，民國五十二年六月。

26. 樓鑰：《攻媿集》，台灣藝文館印書館，民國五十四年六月。

27. 歐陽詢：《藝文類聚》，台北新興書局，民國六十二年五月。

28. 蔣鏞：《澎湖續編》，台灣銀行經濟研究室，民國五十年八月。

29. 蔡廷蘭：《海南雜著》，台灣銀行經濟研究室，民國四十九年六月。

30. 蕭統：《文選》，台北華正書局，民國八十年九月。

31. 薛居正：《舊五代史》，台北世界書局，民國六十七年十一月。

32. 魏徵：《隋書》，台北世界書局，民國六十七年十一月。

二、今人著作

1. 一葦編：《中國民俗傳說》，北京廣播電視出版社，一九九六年九月。

2. 丁乃通：《中國民間故事類型索引》，北京中國文藝出版社，一九八六年七月。

3. 丁肇琴：《俗文學中的包公》，台北文津出版社，民國八十九年四月。

4. 不著撰人：《七美島上的故事》，澎湖七美鄉公所，民國七十四年五月。

5. 不著撰人：《二崁民俗活動專輯》，澎湖縣立文化中心，民國八十四年六月。

6. 不著撰人：《中國文學欣賞全集》第四〇冊，台北莊嚴出版社，民國七十四年五月。

7. 不著撰人：《中國傳奇》，台北華嚴出版社，民國八十四年七月。

8. 不著撰人：《巧聯絕對》，台北將門文物，民國八十年十二月。

9. 不著撰人：《竹灣風情》，澎湖竹灣國小，民國八十七年六月。

10. 不著撰人：《竹灣記事》，澎湖竹灣國小，民國八十八年六月。

11. 不著撰人：《赤崁漁業文化掠影》，澎湖縣立文化中心，民國八十五年十月。

12. 不著撰人：《湖西鄉社區資源集錦》，澎湖縣立文化中心，民國八十六年六月。

13. 不著撰人：《澎南區文化資源集錦》，澎湖縣立文化中心，民國八十七年十二月。

14. 不著撰人：《澎湖》，澎湖縣政府，民國七十年九月。

15. 不著撰人：《澎湖史略》，澎湖縣政府，民國六十二年十月。

16. 不著撰人：《澎湖事情》，台北成文出版社，民國七十四年三月。

17. 不著撰人：《澎湖施公祠及萬軍井之研究與修護計畫》，澎湖縣政府，民國八十二年六月。

18. 不著撰人：《澎湖風土記》，台北成文出版社，民國七十四年三月。

19. 不著撰人：《澎湖島》，台北成文出版社，民國七十四年三月。

20. 不著撰人：《澎湖馬公四眼井之研究與修護計畫》，澎湖縣政府，民國八十五年十二月。

21. 不著撰人：《澎湖縣統計要覽》，澎湖縣政府，民國八十七年十月。

22. 不著撰人：《蘇東坡傳奇》，台北新潮社，民國七十七年七月。

23. 王孝廉：《中國的神話與傳說》，台北聯經出版公司，民國八十三年四月。

24. 王孝廉：《中國的神話世界》，台北時報出版公司，民國七十六年六月。

25. 王秋桂：《神話、信仰與儀式》，台北稻鄉出版社，民國八十五年七月。

26. 王秋桂編：《中國民間傳說論集》，台北聯經出版公司，民國六十九年八月。

27. 王秋桂編：《中國民間故事全集》，台北遠流出版公司，民國七十八年六月。

28. 王紅旗：《神秘的生肖文化與遊戲》，台北時報出版公司，民國八十五年十月。

29. 王詩琅：《台灣民間故事》，台北玉山出版社，民國八十九年二月。

30. 王夢鷗：《傳統文學論衡》，台北時報出版公司，民國六十五年三月。

31. 白山編：《中國名人傳說》，北京廣播電視出版社，一九九六年九月。

32. 伊能嘉矩：《台灣文化志》，台灣省政府，民國七十四十一月。

33. 江寶釵：《布袋鎮閩南語故事集》，嘉義縣立文化中心，民國八十七年六月。

34. 何世忠：《鄭成功傳奇性的一生》，台北世峰出版社，民國八十九年三月。

35. 余光弘：《澎湖清代的班兵與移民》，台北稻鄉出版社，民國八十七年五月。

36. 吳永猛：《澎湖宮廟小法的功能》，澎湖縣立文化中心，民國八十五年六月。

37. 吳福助：《台灣漢語傳說文學書目》，台北文津出版社，民國八十八年一月。

38. 吳瀛濤：《台灣民俗》，台北眾文出版社，民國八十三年五月。

39. 呂宗力：《中國民間諸神》，台北學生書局，民國八十年十二月。

40. 呂勝中:《中國民間木刻版畫》,湖南美術出版社,一九九四年五月。

41. 李紹章:《澎湖縣誌》,台北成文出版社,民國七十二年七月。

42. 李富華:《神鬼之間》,台北萬卷樓出版社,民國八十八年八月。

43. 李福清:《中國神話論集》,台北學生書局,民國八十年三月。

44. 李福清:《關公傳說與三國演義》,台北漢忠出版社,民國八十六年三月。

45. 李獻璋:《台灣民間文學集》,台北龍文出版社,民國七十八年二月。

46. 肖莉編:《中國幽默故事》,北京廣播電視出版社,一九九六年九月。

47. 周作人:《周作人民俗學論集》,上海文藝出版社,一九九八年十月。

48. 季羨林:《比較文學與民間文學》,北京大學出版社,一九九一年八月。

49. 季羨林:《中印文化關係史論文集》,北京三聯書店,一九八四年五月。

50. 屈萬里:《詩經釋義》,台北聯經出版公司,民國六十七年十月。

51. 林明章:《漳泉典故趣談》,台北點石出版社,民國八十年十月。

52. 林衡道:《鯤島探源》,台北稻田出版社,民國八十五年二月。

53. 林藜:《台灣民間傳奇》,台北稻田出版社,民國八十二年五月。

54. 花松村:《台灣鄉土全誌》,台北中一出版社,民國八十五年五月。

55. 金榮華:《台東卑南族口傳文學選》,台北中國文化大學,民國七十八年八月。

56. 金榮華:《台東大南村魯凱族口傳文學》,台北中國文化大學,民國八十四年五月。

57. 金榮華:《金門民間故事集》,台北中國文化大學,民國八十六年三月。

58. 金榮華:《民間故事論集》,台北三民書局,民國八十六年六月。

59. 金榮華:《台灣高屏地區魯凱族民間故事》,台北中國口傳文學學會,民國八十八年十二月。

60. 金榮華:《台北縣烏來鄉泰雅族民間故事》,台北中國民間文學學會,民國八十九年元月。

61. 金榮華:《中國民間故事集成類型索引(一)》,台北中國口傳文學學會,民國八十九年一月。

62. 金榮華:《澎湖縣民間故事》,台北中國口傳文學學會,民國八十九年十月。

63. 俞航編:《中國民間智謀故事》,北京廣播電視出版社,一九九六年九月。

64. 姜佩君:《澎湖民間傳說》,台北聖環出版社,民國八十七年六月。

65. 施翠峰:《台灣民譚探源》,台北漢光文化公司,民國七十四年五月。

66. 施翠峰:《台灣鄉土的神話與傳說》,彰化縣立文化中心,民國八十四年六月。

67. 星雲法師：《玉琳國師》，高雄佛光出版社，民國八十八年七月。

68. 段寶林：《立體文學論》，台北文津出版社，民國八十六年四月。

69. 洪敏聰：《西嶼鄉民俗概述》，自印本，民國八十二年六月。

70. 洪淑苓：《牛郎織女研究》，台北學生書局，民國七十七年十月。

71. 洪淑苓：《關公民間造型之研究》，國立台灣大學出版部，民國八十四年五月。

72. 胡萬川：《彰化縣民間文學集・故事篇一》，彰化縣立文化中心，民國八十三年六月。

73. 胡萬川：《彰化縣民間文學集・故事篇二》，彰化縣立文化中心，民國八十四年一月。

74. 胡萬川：《彰化縣民間文學集・故事篇三》，彰化縣立文化中心，民國八十四年七月。

75. 胡萬川：《彰化縣民間文學集・故事篇四》，彰化縣立文化中心，民國八十五年六月。

76. 胡萬川：《彰化縣民間文學集・故事篇五》，彰化縣立文化中心，民國八十五年六月。

77. 胡萬川：《沙鹿鎮閩南語故事集》，台中縣立文化中心，民國八十三年一月。

78. 胡萬川：《沙鹿鎮閩南語故事集二》，台中縣立文化中心，民國八十三年五月。

79. 胡萬川：《大甲鎮閩南語故事集》，台中縣立文化中心，民國八十四年六月。

80. 胡萬川：《大甲鎮閩南語故事集二》，台中縣立文化中心，民國八十四年六月。

81. 胡萬川：《清水鎮閩南語故事集》，台中縣立文化中心，民國八十四年六月。

82. 胡萬川：《大甲鎮閩南語故事集二》，台中縣立文化中心，民國八十四年六月。

83. 胡萬川：《梧棲鎮閩南語故事集》，台中縣立文化中心，民國八十四年六月。

84. 胡萬川：《石岡鄉閩南語故事集一》，台中縣立文化中心，民國八十四年六月。

85. 胡萬川：《石岡鄉閩南語故事集二》，台中縣立文化中心，民國八十四年六月。

86. 胡萬川：《新社鄉閩南語故事集一》，台中縣立文化中心，民國八十四年

六月。

87. 胡萬川：《新社鎮閩南語故事集二》，台中縣立文化中心，民國八十四年
六月。

88. 胡萬川：《梧棲鎮閩南語故事集二》，台中縣立文化中心，民國八十四年
六月。

89. 胡萬川：《雲林縣閩南語故事集（一）》，雲林縣立文化中心，民國八十八
年十二月。

90. 胡萬川：《羅阿峰、陳阿勉故事專輯》，宜蘭縣立文化中心，民國八十八
年十二月。

91. 胡萬川：《宜蘭縣民間文學集（二）》，宜蘭縣立文化中心，民國八十八年
六月。

92. 胡萬川：《苗栗縣閩南語故事集》，苗栗縣立文化中心，民國八十七年六
月。

93. 唐蕙韻：《金門民間傳說》，台北稻田出版社，民國八十六年三月。

94. 浦忠成：《台灣鄒族的風土神話》，台北台原出版社，民國八十二年六月。

95. 馬昌儀編：《中國神話故事》，北京廣播電視出版社，一九九六年九月。

96. 馬書田：《全像中國三百神》，台北國際村文庫，民國八十二年十二月。

97. 馬書田：《華夏諸神—道教卷》，台北雲龍出版社，民國八十七年六月。

98. 馬書田：《華夏諸神—俗神卷》，台北雲龍出版社，民國八十四年六月。

99. 高怡萍：《澎湖群島的聚落、村廟宇犒軍儀式》，澎湖縣立文化中心，民
國八十七年六月。

100. 高啟進：《西瀛人物誌》，澎湖縣立文化中心，民國八十八年六月。

101. 高聚成編：《中國動物故事》，北京廣播電視出版社，一九九六年九月。

102. 張中行：《禪外說禪》，台北牧村圖書公司，民國八十五年年六月。

103. 張玉法：《中華民國史稿》，台北聯經文化公司，民國八十七年六月。

104. 張新芳：《赤崁漁業文化掠影》，澎湖縣立文化中心，民國八十五年十月。

105. 郭朋：《中國佛教史》，台北文津出版社，民國八十二年七月。

106. 陳子艾編：《中國神怪故事》，北京廣播電視出版社，一九九六年九月。

107. 陳正祥：《澎湖縣誌》，澎湖縣政府，民國四十四年。

108. 陳知青：《澎湖史話》，澎湖縣政府，民國六十一年十一月。

109. 陳益源：《台灣民間文學採錄》，台北里仁書局，民國八十八年九月。

110. 陳益源：《民俗文化與民間文學》，台北里仁書局，民國八十六年十月。

111. 陳益源：《石頭開講》，台北富春出版社，民國八十八年九月。

112. 陳益源：《俗話說》，台北富春出版社，民國八十七年六月。

113. 陳豪:《憶澎湖》,自印本,民國六十七年元月。

114. 陳慧樺:《從比較神話到文學》,台北東大圖書,民國八十年三月。

115. 陳龍梅:《達摩的人生哲學》,台北牧林出版社,民國八十六年十月。

116. 陳耀明:《澎湖的廟神》,澎湖縣立文化中心,民國八十四年六月。

117. 章義泓:《廈門傳奇錄》,台北可筑書房,民國八十一年六月。

118. 程薔編:《中國地方風物傳說》,北京廣播電視出版社,一九九六年九月。

119. 善慧:《中國佛教傳奇》,台北可筑書房,民國八十一年九月。

120. 賀學君編:《中國民間愛情故事》,北京廣播電視出版社,一九九六年九月。

121. 黃文博:《台灣民間信仰與儀式》,台北常民文化,民國八十六年一月。

122. 黃文博:《站在台灣廟會現場》,台北常民文化,民國八十七年三月。

123. 黃有興:《澎湖的民間信仰》,台北臺原出版社,民國八十六年三月。

124. 楊振良:《孟姜女研究》,台北學生書局,民國七十四年五月。

125. 鈴木大拙:《歷史發展》,台北志文出版社,民國七十四年三月。

126. 趙莒玲:《台灣開發故事》,台北天衛文化,民國八十八年一月。

127. 劉介民:《從民間文學到比較文學》,暨南大學出版社,一九九八年六月。

128. 劉守華:《比較故事學》,上海文藝出版社,一九九五年九月。

129. 劉守華:《中國民間故事史》,上海文藝出版社,一九九九年九月。

130. 劉魁立:《顧頡剛民俗學論集》,上海文藝出版社,一九九八年十月。

131. 歐成山:《澎湖地名之旅》,澎湖縣政府,民國八十五年七月。

132. 歐成山:《澎湖傳統文化風俗與掌故》,澎湖縣立文化中心,民國八十四六七月。

133. 蔡丁進:《澎湖訂偽》,自印本,民國八十九二月。

134. 蔡平立:《澎湖通史》,台北聯鳴公司,民國七十六年八月。

135. 蔡平立:《馬公市志》,澎湖馬公市公所,民國七十三年八月。

136. 蔡章獻:《簡易觀星手冊》,台北世茂出版社,民國七十八年三月。

137. 蔡蕙如:《與鄭成功有關的傳說之研究》,台南市立文化中心,民國八十七年六月。

138. 鄭水萍:《壽山記事》,高雄文化中心,民國八十四年十月。

139. 鄭嘉善:《巧聯妙對》,漢威出版社,民國七十七年九月。

140. 薛明卿:《澎湖搜奇》,澎湖縣立文化中心,民國八十五年六月。

141. 譚達先:《中國四大傳說新論》,台北貫雅圖書公司,民國八十年五月。

142. 譚達先:《中國描敘性傳說概論》,台北貫雅圖書公司,民國八十二年五

月。

143. 譚達先：《中國動物故事研究》，台灣商務印書館，民國七十七年九月。

144. 譚達先：《中國民間童話研究》，台灣商務印書館，民國七十七年九月。

145. 譚達先：《中國民間寓言研究》，台灣商務印書館，民國七十七年九月。

146. 鐘敬文：《民俗學概論》，上海文藝出版社，一九九八年十二月。

147. 鐘敬文：《中山大學民俗叢書》第十二冊，東方文化書局複印本，民國五十八年五月。

148. 鐘敬文：《鐘敬文民俗學論集》，上海文藝出版社，一九九八年十月。

149. 顧建中編：《中國民間英雄傳奇故事》，北京廣播電視出版社，一九九六年九月。

150. 顧頡剛：《顧頡剛民俗學論集》，上海文藝出版社，一九九八年十月。

151. 顧頡剛：《孟姜女故事研究》，台北漢京文化公司，民國七十四年十一月。

152. Stith Thompson,the Type of the Folktale (Helsinki, Academia Scuentiarun Fennica, 1973)

三、學位論文

1. 王方霓：《龍女故事研究》，中國文化大學中文所碩士論文，民國八十二年五月。

2. 石麗貞：《望夫石傳說研究》，成功大學中文所碩士論文，民國八十六年六月。

3. 林培雅：《邱罔舍故事研究》，清華大學中文所碩士論文，民國八十四年七月。

4. 唐蕙韻：《金門民間傳說研究》，中國文化大學中文所碩士論文，民國八十五年六月。

5. 高芷琳：《澎湖諺語研究》，彰化師範大學國文所碩士論士，民國八十九年六月。

6. 許秀如：《狄青故事之研究》，中國文化大學中文所碩士論文，民國八十四年六月。

7. 許媛婷：《濟公傳研究》，中國文化大學中文所碩士論文，民國八十六年六月。

8. 許端容：《二十四孝研究》，中國文化大學中文所碩士論文，民國七十六年六月。

9. 陳佳雯：《十二生肖故事研究》，中國文化大學中文所碩士論文，民國八十四年六月。

10. 陳怡仲：《中國古代小說中的劍及其文化意向研究》，中國文化大學中文

所碩士論文，民國八十六年六月。

11. 彭衍綸：《台灣民間故事〈白賊七的趣話〉及其相關問題研究》，政治大學中文所碩士論文，民國八十六年六月。

12. 楊瑟恩：《鄭成功傳說研究》，輔仁大學中文所碩士論文，民國八十四年六月。

13. 葉連鵬：《澎湖文學發展之研究》，中央大學中文所碩士論士，民國八十九年六月。

14. 蔣瓊徽：《澎湖聚落民間信仰空間防禦體系之探討》，中原大學建築所碩士論文，民國八十六年六月。

15. 蔡麗雲：《中國民間動物故事類型研究》，中國文化大學中文所碩士論文，民國八十六年六月。

16. 謝海平：《講史性變文之研究》，政治大學中文所碩士論文，民國五十九年六月。

四、期刊論文

1. 不著撰人：〈張百萬的故事〉，《西瀛潮聲》八—十四期，民國五十年九月。

2. 毛一波：〈臺灣故事傳說與大陸〉，《台灣風物》十卷一期，民國四十九年一月。

3. 毛一波：〈能久親王橫死的傳說〉，《台灣風物》九卷三期，民國四十八年八月。

4. 毛一波：〈與梁徐兩教授論「島夷行」〉，《民主評論》十一卷二期，民國四十九年一月。

5. 包樂詩：〈七美故事的探討〉，《台灣風物》二十二卷三期，民國六十一年九月。

6. 皮述民：〈牛郎織女神話的形成〉，《南洋大學學報》五期，民國六十年。

7. 朱介凡：〈牛郎織女傳說〉，《幼獅文藝》四十六卷二期，民國六十六年八月。

8. 江潮濕：〈孟姜女與長城傳說〉，《古今談》一一三期，民國六十三年九月。

9. 余光弘：〈西溪帝公—大軀〉，《硓𥑮石》十期，民國八十七年三月。

10. 李子康：〈從民間信仰看民族文化〉，《中國論壇》三卷十期，民國六十六年二月。

11. 李甲孚：〈十二生肖問題在中國〉，《海外學人》一六三期，民國七十五年二月。

12. 李傳芳：〈朱元璋的故事探討〉，《海峽兩岸民間文學學術研討會論文》，八十九年五月。

13. 李豐楙：〈東港王船和瘟與送王習俗之研究〉，《東方宗教研究》三期，民國八十二年十月。

14. 李獻璋：〈媽祖傳說的開展〉，《漢學研究》八卷一期，民國七十九年六月。

15. 林元輝：〈張百萬傳奇三百年〉，《民生報》十二版，民國七十年七月三日。

16. 林瑤棋：〈霞浦媽祖護萬民〉，《中外雜誌》，民國八十七年十月。

17. 林衡道：〈台灣的民間傳說〉，《漢學研究》八卷一期，民國七十九年六月。

18. 林衡道：〈鄭國姓的故事傳說〉，《台灣風物》二十二第二期，民國六十一年六月。

19. 邱炫昱：〈幾種「能久親王橫死的傳說」之探討〉，《台北文獻》，民國八十一年三月。

20. 金榮華：〈金門民間故事補擬三則〉，《民間文學論集》，民國八十六年六月。

21. 金榮華：〈澎湖〈傻瓜丈夫聰明妻〉故事試探〉，《海峽兩岸民間文學學術研討會論文集》，八十九年五月。

22. 金榮華：〈落水鬼仁念放替身—「水鬼與漁夫」型故事及其型號之設定〉，《民俗與文學學術研討會論文集》，一九九八年五月。

23. 施翠峰：〈探討台灣民間故事的發展及內容〉，《漢學研究》八卷一期，民國七十九年六月。

24. 徐復觀：〈與梁嘉彬先生商討唐施吾的一首詩的解釋〉，《民主評論》十卷十六期，民國四十八年八月。

25. 翁安雄：〈從澎湖七美故事及地名談起〉，《台灣風物》四十九卷三期，民國八十八年九月。

26. 婁子匡：〈臺灣民俗文藝試論〉，《台北文獻》十二卷四期，民國五十一年十二月。

27. 婁子匡：〈鄭成功傳說之整理〉，《台北文獻》十二卷二期，民國五十一年六月。

28. 婁子匡：〈富甲台澎的張百萬〉，《大華晚報》，民國五十六年二月二十九日。

29. 張珣：〈台灣的媽祖信仰〉，《新史學》六卷四期，民國八十四年十二月。

30. 曹永和：〈早期台灣的開發與經營〉，《台北文獻》卷三期，民國五十二年四月。

31. 曹永和：〈澎湖之紅毛城與天啟明城〉，《澎湖開拓史學術研討會實錄》，民國七十八年六月。

32. 曹永和：〈早期台灣的開發與經營〉，《台北文獻》，民國五十二年四月。

33. 梁嘉彬：〈唐施肩吾事蹟及其(島夷行)詩考証〉，《大陸雜誌》十九卷九期，

民國四十八年十一月。

34. 梁嘉彬：〈就唐施肩吾詩的解釋與治學態度並方法答徐復觀先生〉，《台灣風物》九卷五、六期，民國四十八年十一、十二月。

35. 莊厚：〈為十二生肖尋根〉，《婦女雜誌》一九七卷，民國七十四年二月。

36. 許益超：〈澎湖歷史風物的探討〉，《台灣風物》二十一卷二期，民國六十年五月。

37. 許雪姬：〈宋元明清對澎湖群島的認識〉，《硓𥑮石》四期，民國八十五年九月。

38. 許端容：〈泰雅族口傳故事類型試探〉，《海峽兩岸民間文學學術研討會論文集》，八十九年五月。

39. 許獻平：〈地理師與跛腳秀才〉，《聯合報》鄉情版，民國八十六年八月十九日。

40. 陳信雄：〈澎湖歷史發展的獨特性〉，《硓𥑮石》一期，民國八十四年十二月。

41. 陳勁榛：〈台灣白賊七故事情節單元聯繫模式試探〉，《華岡文科學報》二十一期，民國八十六年。

42. 陳漢光：〈台灣移民史略〉，《台灣風物》二十一卷一期，民國六十年二月。

43. 陳憲明：〈西嶼緝馬灣的石滬漁業與其社會文化〉，《硓𥑮石》，民國八十七年三月。

44. 陳麗娜：〈《蛇郎》故事在台灣的流傳與變異〉，《美和專校學報》十六期，民國八十七年七月。

45. 陳耀明：〈蔡廷蘭——澎湖唯一的進士〉，《台灣風物》二十九卷四期，民國六十八年十二月。

46. 曾瑪莉：〈澎湖漁村的宗教信仰〉，《民族與華僑研究所學報》四期，民國七十六年三月。

47. 湯蕙敏：〈只有唐山媽，卻無唐山公〉，《聯合報》鄉情版，民國八十六年七月十九日。

48. 黃有興：〈澎湖的「祭王」行事〉，《澎湖開拓史學術研討會實錄》，民國七十八年六月。

49. 黃典權：〈澎湖文獻追真〉，《澎湖開拓史學術研討會實錄》，民國七十八年六月。

50. 黃福鎮：〈萬惠宮媽祖「挈炸彈」救村民〉，《聯合報》鄉情版，民國八十九年三月二十一日。

51. 楊青矗：〈第一首描寫台澎的古典詩〉，《中國時報》，民國九十年一月十一日。

52. 葉連鵬：〈論澎湖文學與海洋的關係〉，《海洋與文藝國際會議論文集》，民國八十七年十二月。

53. 臧振華：〈澎湖群島上的遠古文化〉，《硓𥑮石》四期，民國八十五年九月。

54. 劉建仁：〈邱罔舍的音義〉，《台灣風物》二十二卷二期，民國六十一年六月。

55. 蔡丁進：〈唐朝時的澎湖〉，《硓𥑮石》一期，民國八十四年十二月。

56. 蔡蕙如：〈林道乾傳說中「早發神箭」母題的探討〉，台灣民間文學學術研討會論文，民國八十七年三月。

57. 蔡蕙如：〈從民間「命中注定觀」看林道乾的傳說〉，台灣民間文學學術研討會論文，民國八十六年一月。

58. 蔡懋堂：〈也談能久親王橫死的傳說〉，《台灣風物》九卷三期，民國四十八年八月。

59. 鄭建中：〈台灣鄭成功神劍傳說之研究〉，《東吳中文研究集刊》，民國八十四年五月。

60. 盧嘉興：〈澎湖唯一的進士：蔡廷蘭〉，《古今談》十九期，民國五十五年九月。

61. 賴福順：〈唐施肩吾澎湖〈島夷行〉糾謬〉，《硓𥑮石》二期，民國八十五年三月。

62. 韓石麟：〈台灣史上缺佚的一章—記日本北白川宮能久親王之死〉，《台南文化季刊》二卷二期，民國四十一年四月。

63. 蘇同炳：〈施肩吾及其(島夷行詩)新考〉，《大陸雜誌》三十一卷十一期，民國五十四年十二月。

64. 蘇金明：〈仕相欠帥·妻子思郎君〉，《聯合報》鄉情版，民國八十九年九月十二日。

65. 顧希佳：〈清代筆記中水鬼漁夫型故事的比較研究〉，《杭州師範學院學報》二期，一九九七年三月。